Texte . Medien

Florian Henckel von Donnersmarck

Das Leben der anderen

Materialien und Arbeitsanregungen

Erarbeitet von   Jörn Brüggemann

Schroedel

Texte . Medien

Herausgegeben von Peter Bekes und Volker Frederking

© 2010 Bildungshaus Schulbuchverlage
Westermann Schroedel Diesterweg
Schöningh Winklers GmbH, Braunschweig
www.schroedel.de

Das Werk und seine Teile sind urheberrechtlich geschützt. Jede Nutzung in anderen als den gesetzlich zugelassenen Fällen bedarf der vorherigen schriftlichen Einwilligung des Verlages. Hinweis zu § 52a UrhG: Weder das Werk noch seine Teile dürfen ohne eine solche Einwilligung gescannt und in ein Netzwerk eingestellt werden. Dies gilt auch für Intranets von Schulen und sonstigen Bildungseinrichtungen.
Auf verschiedenen Seiten dieses Buches befinden sich Verweise (Links) auf Internet-Adressen. Haftungshinweis: Trotz sorgfältiger inhaltlicher Kontrolle wird die Haftung für die Inhalte der externen Seiten ausgeschlossen. Für den Inhalt dieser externen Seiten sind ausschließlich deren Betreiber verantwortlich. Sollten Sie bei dem angegebenen Inhalt des Anbieters dieser Seite auf kostenpflichtige, illegale oder anstößige Inhalte treffen, so bedauern wir dies ausdrücklich und bitten Sie, uns umgehend per E-Mail davon in Kenntnis zu setzen, damit beim Nachdruck der Verweis gelöscht wird.

Druck A3 / Jahr 2014
Alle Drucke der Serie A sind im Unterricht parallel verwendbar.

Redaktion: Franziska Voigt, Hamburg
Herstellung und Satz: Ira Petersohn, Ellerbek
Reihentypografie: Farnschläder & Mahlstedt Typografie, Hamburg
Druck und Bindung: westermann druck GmbH, Braunschweig
Titelbild: Ulrich Mühe als Gerd Wiesler. 2006 © Buena Vista Home Entertainment, Inc.

Das Texte Medien -Programm zu »Das Leben der anderen«:

978-3-507-47136-8 Materialien und Arbeitsanregungen
978-3-507-47236-5 Informationen für Lehrerinnen und Lehrer

Informationen und Materialien im Internet:
www.schroedel.de/textemedien

ISBN 978-3-507-47136-8

Inhalt

Vorwort **5**

Biografie

Florian Henckel von Donnersmarck **6**
Ulrich Mühe **8**

Entstehung

Florian Henckel von Donnersmarck »Appassionata«: Die Filmidee (2006) **10**
Ulrich Mühe Über die Motivation, Gerd Wiesler zu spielen (2005) **11**

Verstehen und Deuten

Hinführung
Den ersten Eindruck vergleichen **12**
Die Handlungsstruktur erfassen **14**

Figuren und Figurenkonstellation
Florian Henckel von Donnersmarck »Das Leben der anderen«. Dramatis Personae (2006) **16**
Die Figurenkonstellation darstellen **17**
Ein Personenprofil anfertigen **18**
Die Figur Gerd Wiesler **19**
Eine Charakterisierung verfassen **20**
Info Checkliste zur Überprüfung einer Charakterisierung **20**
Vom Drehbuch zur gespielten Figur **21**
Eine Figurendarstellung erarbeiten **22**
Ein Regiekonzept erproben **23**

Filmische Gestaltung
Info Einstellungsgrößen im Film **24**
Info Perspektiven **26**
Info Achsenverhältnisse und Kamerabewegung **28**

Sehen und gesehen werden **29**
Info Eine Filmszene analysieren **30**
Einen Interpretationsansatz entwickeln **31**
Das Filmgenre bestimmen **32**

Das Motiv des »guten Menschen«
Dieter Wrobel »Die Sonate vom Guten Menschen« – ein Leitmotiv (2008) **33**
Info Katharsis **34**
Rüdiger Suchsland Die Frage, was es heißt, gut zu sein (2006) **34**
Intertextuelle Bezüge: »Die Sonate vom Guten Menschen« und Bertolt Brechts »Der gute Mensch von Sezuan« **35**
Info Intertextualität **36**
Intertextuelle Bezüge erschließen **37**

Kultur und Politik in der DDR
Andreas Trampe Kulturpolitische Weichenstellungen in der Geschichte der DDR (1998) **38**
Walter Ulbricht Rede vor der Volkskammer (1951) **40**
Info Sozialistischer Realismus **41**
Aufruf der Jugendbrigade »Nikolai Mamai« (1959) **42**
Walter Ulbricht Rede vor Schriftstellern (1959) **42**
Erich Honecker Bericht des Politbüros an das 11. Plenum des ZK der SED (1965) **42**
Christa Wolf Erklärung zu Walter Janka (1989) **43**
Wolf Biermann Die Kosten-Nutzen-Rechnung der SED (2001) **44**

Heimat DDR: Gehen oder bleiben?
Info Historischer Kontext nach 1945: Heimat DDR **46**
Christian Weber Warum ich bleibe (1989) **47**
Bärbel Bohley Vierzig Jahre Warten (1989) **48**
Georg, 42 Jahre, Berlin Ein Stückchen Idealismus (1989) **49**

Ulrich Mühe Wieso fährst du denn wieder zurück? (2006) **50**
Thomas Thieme Freiheit, das ist eine zugige Gegend (2004) **51**
Wolf Biermann Solidarische Kritik (2001) **53**

Wirkung

Filmkritik
Alexandra Wach Das Leben der anderen (2006) **55**
Thomas Brussig Klaviatur des Sadismus: Die DDR in »Das Leben der anderen« (2006) **55**
Wolf Biermann Die Gespenster treten aus dem Schatten (2006) **57**
Andreas Kilb Verschwörung der Hörer (2006) **61**
Evelyn Finger Die Bekehrung (2006) **62**

»Das Leben der anderen« – ein Spiegel der historischen Realität?
Ulrich Mühe Für diese Zeit habe ich ein Empfinden (2005) **64**
Henry Hübchen Das Leben ist gar nicht so, es ist ganz anders (2006) **65**
Claus Löser Wenn Spitzel zu sehr lieben (2006) **66**
Thomas Brussig Gedächtnis und Erinnerung (1999) **67**
Dieter Wrobel Erinnerungs- und Rekonstruktionsmodus (2008) **67**
Hubertus Knabe Der Stasi-Vernehmer als Held (2006) **68**
Inge Stephan/Alexandra Tacke NachBilder der Wende (2008) **68**
Rüdiger Suchsland Mundgerecht konsumierbare Vergangenheit (2006) **69**
Einen Dialog schreiben **69**
Die filmische Vermittlung von Geschichte erörtern **70**
Info Eine Erörterung verfassen **71**

Nachgefragt
Nachgefragt bei Rainer Eppelmann **72**
Nachgefragt bei Michael Stolleis **74**
Nachgefragt bei Marianne Birthler **77**
Nachgefragt bei Wolfgang Thierse **82**
Nachgefragt bei Katrin Göring-Eckardt **86**
Nachgefragt bei Vera Lengsfeld **89**

Wort- und Sacherläuterungen **91**
Literaturtipps **94**
Text- und Bildquellen **95**

Vorwort

Es gelingt nicht vielen Büchern und Filmen, jenes Ausmaß an öffentlicher Aufmerksamkeit zu erreichen, das dem Film »Das Leben der anderen« bereits lange vor seiner Prämierung mit dem »Oscar«-Preis zuteilgeworden ist. Die Gründe für dieses Interesse sind zahlreich. Offensichtlich ist es Florian Henckel von Donnersmarcks Filmdebüt gelungen, eine Leerstelle im Diskurs der DDR-Erinnerung zu füllen. In diesem Sinne haben viele Rezensionen in den Feuilletons eine kritische Auseinandersetzung mit den totalitären Praktiken des SED- und Stasi-Staats jenseits der komödiantischen Annäherungen wie »Sonnenallee« und »Good Bye, Lenin!« euphorisch begrüßt. Parallel dazu wurde aber immer auch der Verdacht geäußert, der Film trage zur (Selbst-)Entlastung der Täter bei, insofern er Muster anbiete, die die Verwandlung von Tätern in gute Menschen begünstigen. Interessant ist in diesem Zusammenhang, wie unterschiedlich der Realitätsgehalt des Films bewertet worden ist – nicht nur, aber auch von Menschen, die in der DDR gelebt haben.

Ursächlich für die diametral entgegengesetzten Einschätzungen vieler Zuschauer ist nicht zuletzt die komplexe Konstruktion der Täter-Opfer-Verhältnisse des Films. Dass die augenscheinlich vielfältigen Identifikationsmöglichkeiten des Films Menschen mit den unterschiedlichsten deutsch-deutschen Biografien zu Partei- und Stellungnahmen motiviert haben, kann als Glücksfall für den Deutsch- und Geschichtsunterricht gelten. Denn die Aufarbeitung der Debatten um die Frage, ob der Film das Leben in der DDR angemessen erfasst, gibt Einblicke in konkurrierende Erinnerungsperspektiven, die die öffentliche Debatte über die historische DDR in der Gegenwart prägen. So ist die Auseinandersetzung mit »Das Leben der anderen« immer schon mehr als nur ein ästhetischer Diskurs. Sie macht erfahrbar, wie sehr unsere historische Wahrnehmung unterschwellig biografisch und kulturell vorgeprägt ist.

Ich komme aus dem Staunen gar nicht raus, dass solch ein westlich gewachsener Regie-Neuling wie Donnersmarck mit ein paar arrivierten Schauspielern in den Hauptrollen ein dermaßen realistisches Sittenbild der DDR mit einer wahrscheinlich frei erfundenen Story abliefern konnte. [...] Dieser Westler kann offensichtlich sehr wohl urteilen und auch verurteilen, er kann nicht nur mitreden, sondern sogar aufklären.

Wolf Biermann

Um uns als Teil dieser Geschichte begreifen und unsere Prägungen hinterfragen zu können, bedarf es indes eines Maßes an Vorwissen, über das viele Nachgeborene nicht mehr verfügen. Deshalb ist die vorliegende Zusammenstellung der Dokumente und Textauszüge rund um die Entstehung, Verbreitung, Deutung und Wirkung von »Das Leben der anderen« der Versuch, einen historischen Erfahrungsraum aufzubauen, der zur Einschätzung des vielfältigen historischen Konfliktstoffs des Films sowie zur erfahrungsbezogenen Verhandlung literarischer, politischer und moralischer Kontroversen über das Verhältnis von Kunst, Literatur und Politik in der DDR einlädt.

Biografie

Florian Henckel von Donnersmarck

Florian Henckel von Donnersmarck bei der Verleihung des César 2008 in Paris

1973 Am 2. Mai wird Florian Maria Georg Christian Henckel von Donnersmarck als Sohn eines Lufthansa-Managers und einer Soziologin in Köln geboren. Seine Mutter stammt aus Magdeburg, sein Vater aus Schlesien. So war der »Osten […] in der Biografie unserer Familie ein Thema, das […] ich als Kind schon mitbekommen [habe].«

1973–91 Kindheit und Jugend verbringt er an wechselnden Wohnsitzen in New York (sechs Jahre), Berlin (drei Jahre), Frankfurt am Main (vier Jahre) und Brüssel (vier Jahre). 1991 schließt er seine Schullaufbahn mit dem internationalen Abitur ab (Notendurchschnitt: 1,0).

1991–93 Florian Henckel von Donnersmarck verbringt zwei Studienjahre in Leningrad/St. Petersburg. Daran schließt eine Anstellung als Russischlehrer an.

1993–96 Er studiert Philosophie, Politikwissenschaft und Volkswirtschaftslehre am New College in Oxford. Durch einen Aufsatz zum Thema »Why film is my chosen medium« gewinnt er ein Regiepraktikum beim Großmeister des britischen Films, Richard Attenborough, während der Dreharbeiten zu »In Love and War«. Danach steht für Florian Henckel von Donnersmarck fest: »Ich will Regisseur werden.«

1997 Florian Henckel von Donnersmarck dreht als Bewerbungsfilm für die Hochschule für Fernsehen und Film in München (HFF) den Bewerbungsfilm »Mitternacht«. Im selben Jahr beginnt er ein Studium im Fach Spielfilmregie an der HFF.

1998 Florian Henckel von Donnersmarck inszeniert den Film »Das Datum«, der bei den Internationalen Hofer Filmtagen präsentiert und von der KurzFilmAgentur Hamburg vertrieben wird.

1999 Florian Henckel von Donnersmarck inszeniert den vierminütigen Kurzfilm »Dobermann«, dessen Drehbuch er selbst verfasst hat. Dieser Film beschert ihm einen ersten nationalen wie internationalen Durchbruch. Der Film wird u. a. mit dem Max-Ophüls-Preis (2000) ausgezeichnet. Außerdem wurde er Teil der »Next-Generation-Rolle« von »German Cinema in Cannes«.

2001 Florian Henckel von Donnersmarck dreht im Auftrag von »Universal« und »Gaumont TV« den Film »Les Mythes Urbaines«. Der siebenminütige Kurzfilm wird an sieben Sender in sechs Länder verkauft.

2002 Mit dem Kurzfilm »Der Templer«, den von Donnersmarck mit den Produzenten Max Wiedemann und Quirin Berg dreht, gelingt ihm ein weiterer Erfolg. Der fünfminütige Streifen wird im Rahmen der Hofer Filmtage ge-

Texte . Medien
Biografie

zeigt, als »besonders wertvoll« prämiert und mit dem Eastman-Förderpreis (für den besten Nachwuchsfilmer) sowie dem Friedrich-Wilhelm-Murnau-Preis (2003) bedacht. Außerdem erhält er den Preis der Produzentenjury bei Sehsüchte Babelsberg und wird von der FBW Wiesbaden zum »Kurzfilm des Monats« gewählt.

2004 Nachdem Florian Henckel von Donnersmarck viel Zeit damit verbracht hat, ein Treatment aus seinem ersten Filmsemester in ein Drehbuch für einen Langspielfilm (»Das Leben der anderen«) umzuarbeiten, schließt er in diesem Jahr die Vorbereitungen für sein Spielfilmdebüt ab. Das Budget, das er mit den Produzenten Max Wiedemann und Quirin Berg – die drei kennen sich von der Filmhochschule und sind alle Anfänger – organisiert, ist mit 1,6 Millionen Euro eher klein. Trotzdem gelingt es mit der Unterstützung der Schauspielagentin Erna Baumbauer, ein Starensemble zur Mitwirkung zu gewinnen: Ulrich Mühe, Sebastian Koch, Martina Gedeck, Ulrich Tukur und Thomas Thieme übernehmen Hauptrollen – trotz niedriger Gagen.

2006 Florian Henckel von Donnersmarck reicht den fertigen Film bei der Berlinale ein. Doch der Festival-Chef Dieter Kosslick lehnt die Teilnahme am Wettbewerb ab. Am 23. März kommt Florian Henckel von Donnersmarcks Spielfilmdebüt »Das Leben der anderen« in die deutschen Kinos. Sein erster Langfilm, bei dem er für Drehbuch und Regie verantwortlich zeichnet, ist zugleich sein Abschlussfilm an der HFF München. Dieser Film wird im Juli mit dem Deutschen Filmpreis (in sieben Kategorien bei elf Nominierungen), dem Bayerischen Filmpreis (in vier Kategorien) und im Dezember mit dem Europäischen Filmpreis (in drei Kategorien: »Bester Film«, »Bestes Drehbuch« und »Bester Hauptdarsteller« [Ulrich Mühe]), dem Bernhard-Wicki-Filmpreis sowie dem Friedenspreis des Deutschen Films ausgezeichnet. Florian Henckel von Donnersmarcks filmische Auseinandersetzung mit der Stasi- und SED-Diktatur als Teil der deutschen Geschichte wird – nicht zuletzt aufgrund kontroverser Debatten in den Feuilletons der großen Zeitungen – selbst zum Gegenstand künstlerischer Auseinandersetzungen. So beschäftigt sich z. B. der Theaterregisseur René Pollesch in seinem Stück »L'Affaire Martin!«, das in der Volksbühne in Berlin uraufgeführt wird, mit der Motivation Henckel von Donnersmarcks, Ausschnitte aus der DDR-Geschichte filmisch zu verarbeiten. Die Rolle des Filmregisseurs namens Florian Henckel von Donnersmarck wird von Sophie Rois gespielt.

2007 »Das Leben der anderen« wird für den Oscar nominiert. Florian Henckel von Donnersmarck begreift seine Teilnahme am Wettbewerb offenbar als einen patriotischen Akt: »Wann hat man schon die Möglichkeit, in Friedenszeiten etwas Besonderes für sein Land zu tun?« Am 25. Februar wird der Film »Das Leben der anderen« in Los Angeles mit dem Oscar in der Kategorie »Bester fremdsprachiger Film« ausgezeichnet. Außerdem wird der Film

Florian Henckel von Donnersmarck mit Sebastian Koch und Thomas Thieme

1 Welche Aspekte in der Biografie von Florian Henckel von Donnersmarck finden Sie besonders interessant, bemerkenswert oder klärungsbedürftig? Notieren Sie Ihre Fragen und erläutern Sie diese im Plenum.

2 Florian Henckel von Donnersmarck stellt die Teilnahme des Films an der Oscar-Verleihung als einen patriotischen Akt dar. Schlüpfen Sie in die Rolle des Regisseurs und erläutern Sie, warum bzw. inwiefern Sie mit der Produktion des Films etwas für Ihr Land getan haben könnten.

für den Golden Globe nominiert in der Kategorie »Bester nicht-englischsprachiger Film« und er erhält den Independent Spirit Award als beste Auslandsproduktion.

2008 »Das Leben der anderen« wird mit dem César in der Kategorie »Bester ausländischer Film« ausgezeichnet.

2010 Im Februar beginnt Florian Henckel von Donnersmarck mit den Dreharbeiten zu dem Film »The Tourist« mit Angelina Jolie und Johnny Depp. Florian Henckel von Donnersmarck ist verheiratet und hat drei Kinder.

Ulrich Mühe

Ulrich Mühe, 2007

1953 Am 20. Juni wird Friedrich Hans Ulrich Mühe im sächsischen Grimma als Sohn eines Kürschnermeisters geboren. Seine Kindheit und Jugend verbringt er mit seinem Bruder Andreas, der später die Werkstatt des Vaters fortführt, in Grimma.

1975 Ulrich Mühe beginnt ein Schauspielstudium in Leipzig an der Theaterhochschule »Hans Otto«.

1979 Ulrich Mühe schließt sein Schauspielstudium ab und wird am Städtischen Theater Karl-Marx-Stadt (heute: Chemnitz) engagiert. Er heiratet die Dramaturgin Annegret Hahn.

1982 Der Schriftsteller und Intendant Heiner Müller holt Mühe als Gast an die Volksbühne in Berlin.

1983 Mühe wird Mitglied des Ensembles am Deutschen Theater in Berlin.

1983–1989 Durch seine Ausgestaltung der Rollen des »Egmont« (Goethe), des »Philotas« (Lessing) und des Patriarchen in Lessings »Nathan der Weise« steigt Mühe im Laufe der Jahre zum Star des Ensembles auf. Besonders beeindruckt er das Theaterpublikum durch seine Darstellung des »Hamlet« und seinen Auftritt in Heiner Müllers »Hamletmaschine« in einer Inszenierung aus dem Jahr 1989 unter der Regie Heiner Müllers.

1984 Ulrich Mühe heiratet in zweiter Ehe die Schauspielerin Jenny Gröllmann, die er bei Dreharbeiten zu »Die Poggenpuhls« kennenlernt. Erst im Nachhinein (2001) erfährt er, dass seine Ehefrau hinter seinem Rücken während seiner gesamten Ehe mit der Stasi kooperiert hat.

1989 Ulrich Mühe engagiert sich während der Wendezeit bei öffentlichen Veranstaltungen für eine Veränderung der DDR. So liest er etwa am 28. Oktober im Deutschen Theater in Berlin (Ost) aus dem Buch des 1957 in einem politischen Schauprozess wegen vorgeblicher »konterrevolutionärer Verschwörungen« zu einer langjährigen Gefängnisstrafe verurteilten ehemaligen Leiters des Berliner Aufbau Verlags, Walter Janka. Janka bescheinigt der DDR

und ihren Bürgern »Schwierigkeiten mit der Wahrheit« – so lautet auch der Buchtitel (vgl. S. 43). Mühes Vortrag erfolgt zu einem Zeitpunkt, als die Veröffentlichung von Jankas Buch, in dem dieser die Hintergründe seiner Verhaftung und seines Prozesses schildert, in der DDR aus politischen Gründen noch nicht möglich ist. Außerdem (mit-)initiiert Mühe die Demonstration am 4. November auf dem Alexanderplatz in Berlin.
Als Leutnant Lohse, der Hauptrolle in dem Film »Das Spinnennetz« von Bernhard Wicki, spielt Mühe neben Klaus Maria Brandauer und wird darüber auch im Westen einem größeren Publikum bekannt.

1990 Ulrich Mühe und Jenny Gröllmann lassen sich scheiden. Bei einem Engagement am Theater in Zürich verliebt sich Mühe in die Schauspielerin Susanne Lothar.

1992 Mühes gesamtdeutsche Popularität wächst durch sein Mitwirken in der für den Oscar nominierten Filmsatire »Schtonk« über die Publikation der gefälschten Hitler-Tagebücher.

1994 Mühe heiratet Susanne Lothar.

1997 Mühe wirkt in dem Film »Funny Games« des österreichischen Regisseurs Michael Haneke mit.

1999 Ulrich Mühe zieht mit seiner Familie von Hamburg nach Berlin.

2000 Mühe spielt in der TV-Verwechslungskomödie »Goebbels und Geduldig« in einer Doppelrolle die »wohl anatomisch authentischste Verkörperung des Propagandaministers in der Filmgeschichte«.

2002 In dem mehrfach ausgezeichneten Film »Der Stellvertreter« nach dem gleichnamigen Schauspiel von Rolf Hochhuth spielt Mühe einen hochrangigen SS-Mann, der seine Aufgabe der Judenvernichtung mit Begeisterung versieht.

2004 Ulrich Mühe übernimmt trotz geringer Gage die Rolle des Stasi-Hauptmanns Gerd Wiesler in Florian Henckel von Donnersmarcks Film »Das Leben der anderen«.

2006 Ulrich Mühe erhält für seine Rolle in »Das Leben der anderen« den Deutschen Filmpreis als »Bester Hauptdarsteller« sowie den Europäischen Filmpreis als »Bester Darsteller«.
Mit »Mein Führer – Die wirkliche wahrste Wahrheit über Adolf Hitler« dreht Mühe neben Helge Schneider seinen letzten Kinofilm.

2007 »Das Leben der anderen« wird als »Bester fremdsprachiger Film« mit dem Oscar prämiert. Kurz nach der Oscar-Verleihung wird Mühe wegen eines Magenkarzinoms operiert. Am 22. Juli erliegt er in seinem Sommerhaus in Walbeck bei Helmstedt in Sachsen-Anhalt seinem Krebsleiden. Am 25. Juli wird Ulrich Mühe dort beigesetzt. Posthum wird ihm die Ehrenbürgerschaft der Stadt Grimma verliehen.

Texte . Medien
Biografie

1 Welche Aspekte in der Biografie von Ulrich Mühe finden Sie besonders interessant, bemerkenswert oder klärungsbedürftig? Notieren Sie Ihre Fragen und erläutern Sie diese im Plenum.

2 Was könnte Ulrich Mühe bewogen haben, die Rolle des Stasi-Hauptmanns Gerd Wiesler zu übernehmen? Stellen Sie mögliche Bezüge zwischen seiner Biografie und der Thematik des Films »Das Leben der anderen« her. Ziehen Sie dafür auch das Interview im Filmbuch, S. 182–200 hinzu.

Entstehung

Florian Henckel von Donnersmarck
»Appassionata«: Die Filmidee   2006

1 Stellen Sie dar, inwiefern Florian Henckel von Donnersmarck seine Ursprungsidee für den Film weiterentwickelt hat.

2 Erläutern Sie von Donnersmarcks Vorstellung von der Macht der Kunst in seiner ersten Idee für den Film. Wie versteht er das Verhältnis von Kunst und Moral?

3 Inwiefern setzt der Film dieses Verhältnis um, inwiefern weicht er ab?

Unser Professor an der Münchener Filmschule hatte die Theorie, dass die Fantasie ein Muskel sei, den man trainieren müsse wie Arnold Schwarzenegger seinen Pectoralis. […] Gleich in den ersten acht Wochen des ersten Semesters hatte jeder seiner Studenten 14 (!) Filmentwürfe zu schreiben und bei seinem Assistenten abzugeben – Ausnahmen und Entschuldigungen waren ausgeschlossen, wie man uns mitteilte. […] Ich erinnere mich noch genau, wie ich mich in meiner Verzweiflung in meinem Gästezimmer auf den Boden legte, direkt neben meinen Kassettenspieler, und einer Emil-Gilels-Aufnahme der »Mondschein-Sonate« zuhörte. Einen Moment lang dachte ich nicht daran, dass mir jetzt zumindest *eine* von 14 Geschichten einfallen müsste, sondern lauschte nur der Musik. Da plötzlich kam mir etwas in den Sinn, was ich einmal bei Gorki gelesen hatte, dass nämlich Lenin über die »Appassionata« gesagt habe, dass er sie nicht oft hören könne, weil er sonst »liebevolle Dummheiten sagen und den Menschen die Köpfe streicheln« wolle, auf die er doch »einschlagen, mitleidslos einschlagen« müsse, um seine Revolution zu Ende zu bringen. Mit der »Appassionata« war es mir nie so gegangen, aber bei der »Mondschein-Sonate« konnte ich Lenins Aussage auf einmal verstehen: Manche Musik zwingt einfach dazu, das Menschliche über die Ideologie zu stellen, das Gefühl über die Prinzipien, die Liebe über die Strenge. Ich fragte mich, was wohl geschehen wäre, wenn man einen Lenin hätte *zwingen* können, die »Appassionata« zu hören. Wenn er hätte glauben können, die »Appassionata« *für* die revolutionäre Sache hören zu *müssen*. Während ich darüber nachdachte, drängte sich mir ein Bild auf: die Halbnahe eines Mannes in einem trostlosen Raum; er hat Kopfhörer auf den Ohren, durch die eine wunderbare Musik klingt. Und als dieses Bild da war, stürzten die Gedanken auf mich ein: Der Mann hört diese Musik nicht zum eigenen Vergnügen, sondern weil er jemanden belauschen muss, einen Feind seiner Ideen, aber einen Freund dieser Musik. Wer ist dieser Mann, der da sitzt? Wen belauscht er? Die Fragen kamen im Rausch, ebenso die Antworten, und innerhalb weniger Minuten stand das gesamte Grundgerüst zu »Das Leben der anderen«.

Das Bild tauchte immer wieder auf, der Stoff ließ mich nicht los, und so beschloss ich, ihn als meinen ersten Kinofilm umzusetzen.

Keine acht Jahre später war er fertig.

Ulrich Mühe
Über die Motivation, Gerd Wiesler zu spielen 2005

Obwohl der Drehbuchautor und Regisseur Florian Henckel von Donnersmarck bis zu diesem Zeitpunkt noch nie einen Langfilm realisiert hatte und er den Schauspielern weniger als die Hälfte der üblichen Gage bieten konnte, erklärten sich eine Reihe namhafter Schauspieler zur Mitwirkung bereit. Der Wiesler-Darsteller Ulrich Mühe äußerte sich 2005 in einem Interview über seine Bereitschaft, an der Realisierung des Filmprojekts mitzuwirken.

Als die Mauer fiel, war ich 36 Jahre alt. Die DDR ist ein großes Stück meiner Biografie. Der ständige Blick in die Vergangenheit interessiert mich nicht, aber es ist mir doch ein inneres Anliegen zu verstehen, was in diesem kleinen Land, wo ich so viele Jahre verbracht habe, wirklich passiert ist. Das hat nichts mit DDR-Ostalgie zu tun, die mir ganz fremd ist. Aber so, wie mich Geschichte insgesamt interessiert, interessiert mich die DDR in besonderem Maße, weil ich sie selber erlebt habe und weil sie mit den geschichtlichen Größen Rom und Troja eine entscheidende Gemeinsamkeit hat: Sie ist untergegangen. Dieser Phantomschmerz – dass etwas einmal so stark war, ganz selbstverständlich zu einem gehörte (meine ganze Erziehung war ja DDR-autonom) und dann plötzlich weg ist – lässt zwar mit den Jahren immer mehr nach, ist aber doch weiterhin spürbar und trägt sicherlich seinen Teil dazu bei, dass mein Interesse wach bleibt. Und dazu gehört eben auch das Interesse, sich in eine so schlüssige Figur wie diesen Stasi-Hauptmann Gerd Wiesler hineinzudenken und einzufühlen.

1 Erläutern Sie in Ihren eigenen Worten Ulrich Mühes Interesse, an »Das Leben der anderen« mitzuwirken.

Ulrich Mühe als Gerd Wiesler

Hinführung

Den ersten Eindruck vergleichen

1 Halten Sie Ihren ersten Rezeptionseindruck und Ihr persönliches Verständnis des Films fest, indem Sie die folgenden Multiple-Choice-Fragen beantworten. Begründen Sie Ihre Entscheidungen durch Belege aus dem Film(buch). Formulieren Sie eine Alternative, wenn Sie mit allen vorgeschlagenen Antworten unzufrieden sind.

1. Welchem Genre würden Sie den Film zuordnen?
   a) Liebesdrama
   b) Polit-Thriller
   c) Historischer Film (*Wende*film)
   d) Kino-Novelle
   e) Lehrfilm zur Aufarbeitung der Verbrechen des Stasi- und SED-Staats
   f) …

2. Welche Figur verkörpert aus Ihrer Sicht (am ehesten) den im Titel der Sonate angesprochenen »guten Menschen«?
   a) Der Theaterregisseur Albert Jerska
   b) Der Dramatiker Georg Dreyman
   c) Die Schauspielerin Christa-Maria Sieland
   d) Der MfS-Hauptmann Gerd Wiesler
   e) …

3. Wer oder was trägt Ihrer Meinung nach die Hauptverantwortung für den tragischen Verlauf des Films?
   a) Der Stasi- und SED-Staat DDR und seine Vertreter
   b) Menschliche Schwäche
   c) Persönliche Schuld
   d) …

4. Im Verlauf des Films fälscht Gerd Wiesler Abhörprotokolle und lässt die belastende Schreibmaschine von Dreyman verschwinden. Was motiviert Wieslers Verhalten?
   a) Liebe
   b) Einsicht in persönliche Schuld
   c) Kunst
   d) Der Wunsch, persönliche berufliche Verfehlungen zu verschleiern
   e) Politische Gründe
   f) …

Arbeitsblatt

5. **Welche politisch-moralischen Einsichten transportiert der Film?**
   a) Er gewährt Einsichten in die Herrschaftsmechanismen der DDR.
   b) Er zeigt, wie man unter den politischen Umständen der DDR ein Leben als guter Mensch führen kann.
   c) Er demonstriert die Unmöglichkeit, unter den politischen Umständen der DDR ein Leben als guter Mensch zu führen.
   d) …

6. **Welche Bedeutung wird der Kunst (Theater, Literatur, Musik) im Film beigemessen?**
   a) Sie spielt eine systemkritische Rolle.
   b) Sie spielt eine staatstragende Rolle.
   c) Sie ist (politisch) ohnmächtig.
   d) Sie hat die Macht zur Veränderung von Biografien.
   e) …

7. **Welche Reaktion versucht der Film beim Zuschauer hervorzurufen?**
   a) Mitleid
   b) Erschütterung
   c) Kritisches Bewusstsein
   d) Verständnis
   e) …

8. **Welcher Aussage über die gesellschaftliche Wirkung des Films können Sie zustimmen?**
   a) Der Film trägt zur Entlastung und (Selbst-)Entschuldigung von Stasi-Mitläufern bei.
   b) Der Film verschafft Opfern der Stasi- und SED-Diktatur Aufmerksamkeit und lässt ihnen dadurch Gerechtigkeit widerfahren.
   c) Der Film wirkt aufklärerisch, indem er eindeutig erscheinende Täter-Opfer-Verhältnisse überwindet.
   d) Der Film verharmlost das Wirken der Stasi.
   e) …

2 Stellen Sie Ihr persönliches Verständnis des Films mithilfe Ihrer Antworten im Plenum zur Diskussion.

3 Notieren Sie stichwortartig Argumente Ihrer Mitschüler(innen), die Sie bedenkenswert finden und die Ihre Sicht auf den Film erweitern.

Arbeitsblatt

Die Handlungsstruktur erfassen

1 Fertigen Sie für eine bessere Übersicht über den Handlungsverlauf des Films ein Sequenzprotokoll an. Sequenzen sind Handlungseinheiten, die aus mehreren Szenen bestehen und zumeist durch Ortswechsel oder Änderungen der beteiligten Figuren voneinander abzugrenzen sind. Erstellen Sie eine Tabelle nach dem unten stehenden Muster und notieren Sie darin Informationen zu der jeweiligen Filmsequenz. Erfassen Sie in der Spalte »Bemerkungen«, welche Gefühle, Vermutungen und Fragen die Sequenz beim Zusehen auslöst.

Sequenz	Ort	Zeit	Personen	Handlung/ Konflikt	Bemerkungen
S. 13–22 00:00– 00:06	Stasi-Hochschule Potsdam-Eiche, Berlin-Hohenschönhausen, Untersuchungsgefängnis des MfS	Mittag bis 17:30 Uhr November 1984	MfS-Hauptmann Gerd Wiesler Wächter Gefangener Student Benedikt Lehmann Studenten Oberstleutnant Grubitz	Wiesler demonstriert Studenten anhand eines aufgezeichneten Verhörs, wie man »Feinde des Sozialismus« (S. 21) zu einem Geständnis bringt.	...
...					

2 Stellen Sie anhand Ihres Sequenzprotokolls den Spannungsverlauf der Filmhandlung in einer Kurve dar. Bezeichnen Sie unterschiedliche Phasen des Handlungsverlaufs an der Kurve mit den Begriffen Exposition, Spannungsaufbau, Wendepunkt, Höhepunkt, Verzögerung, (Happy) End.

Grad der Spannung

Sequenz/Filmzeit

Arbeitsblatt 15

3 Prüfen Sie Ihr Wissen über den Handlungsverlauf, indem Sie die Szenenfotos auf dieser Seite in den Handlungszusammenhang des Films einordnen.

Texte • Medien
Verstehen und Deuten

Figuren und Figurenkonstellation

Florian Henckel von Donnersmarck
»Das Leben der anderen«. Dramatis Personae 2006

Georg Dreyman	gefeierter Dramatiker der DDR, Nationalpreisträger
Christa-Maria Sieland	seine Freundin, Schauspielerin im Ensemble der Gerhart-Hauptmann-Bühne
Paul Hauser	sein engster Vertrauter, Journalist
Karl Wallner	ebenfalls enger Vertrauter Dreymans, Druckermeister und Schriftsteller
MfS-Hauptmann Gerd Wiesler	Ver- und Abhörspezialist, betraut mit der Leitung des OV »Lazlo«
MfS-Oberstleutnant Grubitz	Wieslers Chef, Leiter der Abteilung XX/7, zuständig für die Überwachung der gesamten DDR-Kultur
MfS-Oberfeldwebel Udo Leye	schiebt im OV »Lazlo« die Nachtschichten
Minister Bruno Hempf	Mitglied im Zentralkomitee der SED
Nowack	Hempfs Assistent
Albert Jerska	berühmter Theaterregisseur, mit Berufsverbot belegt, seit er 1976 die Petition gegen die Biermann-Ausbürgerung unterschrieb
Gregor Hessenstein	»SPIEGEL«-Redakteur
Frau Meineke	Dreymans Nachbarin, Witwe
Egon Schwalber	Theaterregisseur an der Gerhart-Hauptmann-Bühne; bei der Stasi als IM »Max Reinhardt« geführt
MfS-Unterleutnant Axel Stigler	erzählt in der Kantine gern politische Witze
Dr. Goran Zimny	Zahnarzt, der sich durch halblegalen Medikamentenverkauf ein Zubrot sichert

Arbeitsblatt

Die Figurenkonstellation darstellen

1 a) Ordnen Sie die Figuren des Films in einer Mindmap entweder um die Begriffe »Täter« und »Opfer«, »Anpassung« und »Widerstand« oder »frei« und »unfrei« an. Verwenden Sie dazu ein DIN-A4-Blatt im Querformat. Achten Sie darauf, dass eine größere Nähe der Figuren zueinander auch durch eine größere Nähe innerhalb der Mindmap ausgedrückt wird.

b) Die Haupt- und Nebenstränge ihrer Mindmap sollen den Beziehungen zwischen den Figuren bzw. Figurenkonstellationen entsprechen. Charakterisieren Sie die Beziehungsstränge zwischen den Figuren bzw. Figurenkonstellationen mittels knapper Formulierungen oder zeichnerischer Elemente.

c) Stellen Sie Ihre Mindmap im Plenum vor und erörtern Sie gemeinsam,
– ob die Figuren über Haupt- und Nebenstränge treffend zugeordnet sind,
– ob weitere Stränge, z. B. Verbindungslinien zwischen den Haupt- und Nebensträngen, hinzugefügt werden sollten.

2 a) Wählen Sie aus dem Personenverzeichnis auf S. 16 eine Figur, die Sie besonders interessant finden, und begründen Sie Ihre Auswahl.

_____

_____

b) Wählen Sie aus dem Personenverzeichnis eine Figur, die Sie besonders sympathisch finden bzw. deren Situation Sie besonders berührt, und begründen Sie Ihre Auswahl.

_____

_____

c) Wählen Sie aus dem Personenverzeichnis eine Figur, deren Handeln Sie als besonders verwerflich erachten, und begründen Sie Ihre Auswahl.

_____

_____

3 a) Tauschen Sie sich über Ihre Wahrnehmung und Bewertung der Figuren aus und formulieren Sie erste Deutungs- und Wertungshypothesen.

b) Formulieren Sie ein Fazit zum Wahrnehmungs- und Bewertungsverhalten des gesamten Kurses (Übereinstimmungen, Diskrepanzen, klärungsbedürftige Fragen).

Arbeitsblatt

Ein Personenprofil anfertigen

1 Fertigen Sie ein Personenprofil zu einer Figur aus dem Film(buch) an, die Sie besonders interessant, sympathisch oder verwerflich finden. Das Personenprofil sollte Ihre Mitschülerinnen und Mitschüler über folgende Aspekte der Figur informieren:

Biografische Daten:

**Beziehungen zu anderen Figuren des Romans
(Position innerhalb der Figurenkonstellation):**

Handeln der Figur zwischen Anpassung und Widerstand:

2 Schlüpfen Sie in die Rolle der von Ihnen porträtierten Figur und beziehen Sie Stellung zu der Frage: Sind Karriere, persönliches Glück und moralische Integrität unter den Bedingungen der DDR möglich?

Die Figur Gerd Wiesler

Der Hauptmann des Ministeriums für Staatssicherheit Gerd Wiesler ist eine der Hauptfiguren des Films. Unten stehend finden Sie verschiedene Einschätzungen dieser Figur.

> Der MfS-Hauptmann ist mit der Leitung des Operativen Vorgangs gegen Dreyman betraut. Gewissenhaft erfüllt er anfangs seinen Auftrag. Zunehmend berührt den Überwacher das Leben der zu Überwachenden – das künstlerische wie das private. Als er erfährt, dass seinem Auftrag nicht politische oder staatserhaltende, sondern private Zwecke zugrunde liegen, erwachen in ihm Zweifel an seiner Mission. Ganz allmählich beginnt er, Informationen zurückzuhalten.
> *Marianne Falck in »Das Leben der anderen«. Filmheft. Hrsg. von der Bundeszentrale für politische Bildung, 2006*

> [...] Treue zur Partei würde Wiesler in seiner zugeknöpften Zivilistenkluft höchstens sich selber attestieren. Denn im Grunde glaubt er nicht an gute Sozialisten. Er ist ein Defätist, der sich für den einzig wahren Idealisten hält.
> *Evelyn Finger in DIE ZEIT vom 23. 3. 2006*

> Dieser Mann ist mindestens so einsam wie seine Opfer in der Einzelzelle und unvergleichbar schlechter dran als die Schauspielerin und ihr Schriftsteller, die er mit seinen Untergebenen rund um die Uhr abhören und beschatten muss.
> *Wolf Biermann in DIE WELT vom 22. 3. 2006*

> Der akustische Voyeur, der ein Glaubender ist und kein Mitläufer, zeigt sich hin und her gerissen zwischen Neid auf das private Glück des Paars, Respekt gegenüber ihren Gewissenskonflikten und Mitgefühl, wenn nicht Liebe für Christa-Maria Sieland [...].
> *Alexandra Wach in FILM-DIENST vom 14. 3. 2006*

> Mit der Figur Wiesler rückt der Film eine gebrochene Biografie aus der DDR in den Mittelpunkt und zeigt in überzeugender Weise die Mechanismen der Repression im SED-Staat und wie in seiner Endzeit ein Kommunist erkennt, dass er nicht für einen Menschheitstraum Feinde jagt, sondern im Interesse einer zynischen Clique an der Spitze von Partei und Staat Menschen verfolgt, die ihr eigenes Leben selbstbestimmt gestalten wollen.
> *Manfred Wilke in »Das Leben der anderen«. Filmbuch von Florian Henckel von Donnersmarck, 2006*

Texte • Medien
Verstehen und Deuten

1 Markieren Sie an den Texten mit Nummern, welche der Einschätzungen Wieslers Sie am überzeugendsten finden und welche Sie am wenigsten überzeugt.

2 Nehmen Sie zu den Kommentaren kritisch Stellung. Beziehen Sie dabei die Informationen aus dem Personenprofil, das zu Wiesler erstellt wurde (S. 18), mit ein.

3 Diskutieren Sie im Plenum, aus welchem Grund Wiesler beginnt, Dreyman zu schützen. Unterscheiden Sie dabei, was der Auslöser sein könnte und was die tiefer liegenden Ursachen.

4 Erörtern Sie schriftlich die Frage, ob und inwiefern Gerd Wiesler im Verlauf der Filmhandlung eine Wandlung durchläuft.

Eine Charakterisierung verfassen

1 Entscheiden Sie sich für eine der folgenden Figuren: Georg Dreyman, Christa-Maria Sieland. Untersuchen Sie alle Textstellen im Filmbuch, in denen Sie direkt oder indirekt etwas über die von Ihnen gewählte Figur erfahren.

2 Notieren Sie in einer Tabelle stichpunktartig alle Textstellen, die etwas über die von Ihnen gewählte Figur aussagen, und erläutern Sie deren Bedeutung in der rechten Spalte der Tabelle.

Textstelle/Seite	Bedeutung
…	…

3 Ordnen Sie die Textstellen so weit wie möglich den unterschiedlichen Kategorien einer Charakterisierung zu (Äußeres, soziale Verhältnisse, Verhalten, soziale Beziehungen, Anlässe, Gründe und Ziele, die das Handeln, Denken und Fühlen der Figur leiten, etc.).

4 Verfassen Sie eine schriftliche Charakterisierung der von Ihnen gewählten Figur. Nutzen Sie für die Überarbeitung Ihrer Charakterisierung die unten stehende Checkliste.

> **INFO** Checkliste zur Überprüfung einer Charakterisierung
>
> **Inhalt und Aufbau:**
> - ☐ Ich habe in der Einleitung zunächst darüber informiert, worum es im Text geht und welche Figuren genannt werden.
> - ☐ Ich habe den Hauptteil mit einer zusammenfassenden Aussage über die Figur, die ich charakterisiere, begonnen.
> - ☐ Ich habe zentrale Kategorien vorgestellt, durch die ich die wesentlichen Charakterisierungsmerkmale der Figur ordne.
> - ☐ Ich habe wesentliche Charakterisierungsmerkmale genau erfasst, geordnet und nacheinander benannt.
> - ☐ Ich habe die Textbelege gut in den Zusammenhang eingefügt.
> - ☐ Ich habe die Charakterisierung mit einem zusammenfassenden Schlusssatz abgeschlossen.
>
> **Sprache:**
> - ☐ Ich habe die Aussagen mit passenden Zitaten belegt.
> - ☐ Ich habe das Tempus (Präsens) durchgehend richtig verwendet.
> - ☐ Wortwahl und Satzbau sind korrekt.
> - ☐ Ich habe auf die richtige Schreibung und Zeichensetzung geachtet.

Vom Drehbuch zur gespielten Figur

Der Schauspieler der Figur Georg Dreyman, Sebastian Koch, fertigte sich während der Dreharbeiten zu »Das Leben der anderen« Notizen an. Er erläutert darin unter anderem, wie er sich nach und nach die Figur, die er spielt, erschließt, und spricht über Herausforderungen und Lösungen seiner Arbeit. Die Äußerungen beziehen sich auf verschiedene Szenen des Films.

Sebastian Koch und Florian Henckel von Donnersmarck

3. September 2004 – Szene: Jerskas Wohnung (S. 45 f.)
Bespreche mit Florian in seiner Wohnung in der Alten Schönhauser die große Jerska-Szene. Florian gibt den Jerska – gar nicht so schlecht. Ich vergesse einen Moment lang, dass wir nur lesen, und spiele das Umschwenken von »ich habe mit ihm über dein Verbot gesprochen …« zu »es sieht gut aus« so innerlich, dass Florian nicht aufhören kann zu lachen. Plötzlich bin ich ganz besorgt, dass ich es schon »weggespielt« habe. Werde ich das am Set noch einmal so reproduzieren können?

29. Oktober 2004 – Szene: Dreymans Wohnung, Badezimmer (S. 140 f.)
[…] »Warum hast du mich nicht angerufen?« Diesen Satz soll ich ohne Vorwurf sagen. Wie sagt man diesen Satz ohne Vorwurf? Wir machen es wieder und wieder, während Martina unter eiskaltem Wasser duschen muss. Aber es geht an den Kern von Dreymans Wesen: Diese scheinbar langweilige Figur ist eigentlich wahnsinnig lebendig, weil sie so daran interessiert ist, die Wahrheit zu erkennen. Dreyman liebt die Wahrheit so sehr, weil er die Kunst liebt, welche die Wahrheit abbildet. Die Augen vor der Wahrheit zu verschließen, würde also bedeuten, die Augen vor der Kunst zu verschließen. Und ein Vorwurf ist ein Beklagen der Wahrheit, zumindest der psychologischen Wahrheit: Warum bist du nicht so, wie ich dich will! Ich denke also bei dem Satz: »Es interessiert mich wirklich sehr zu wissen, warum du mich nicht angerufen hast.« Und dann geht es.

Texte • Medien
Verstehen und Deuten

1 Lesen Sie den Auszug aus dem Gespräch zwischen Dreyman und Hempf auf S. 34 f. des Filmbuchs sowie die Szene »Jerskas Wohnung« (S. 45 f.) und erläutern Sie die Bedeutung des von Koch so genannten »Umschwenkens«.

2 Die Notizen Sebastian Kochs zum Dreh der Szene »Dreymans Wohnung, Badezimmer« zeigen, dass seiner Darstellung im Spiel eine Interpretation der Dreyman-Figur zugrunde liegt. Diskutieren Sie – unter Einbezug der Personenprofile –, ob Dreymans Charakter und sein Auftreten in dieser Szene von Koch angemessen erfasst werden.

3 Entwickeln Sie eine alternative Darstellung. Überlegen Sie, wie Sie »Ihren« Dreyman durch den Einsatz von Lautstärke, Tonhöhe, Stimmelodie, Pausen, Mimik, Gestik etc. glaubhaft in Szene setzen können.

Eine Figurendarstellung erarbeiten

Nachdem Jerska sich umgebracht hat, beschließt Dreyman, einen Artikel über Selbstmorde in der DDR zu verfassen und diesen im Westen, beim Nachrichtenmagazin »DER SPIEGEL« zu veröffentlichen.

1 Vergegenwärtigen Sie sich die Motive, die Dreyman zum Verfassen des Artikels bewogen haben, sowie die Motive, die ihn lange von der Veröffentlichung seiner Kritik abgehalten haben. Notieren Sie die Motive in einer zweispaltigen Tabelle.

Motive für den Artikel	Motive gegen eine Veröffentlichung

2 Skizzieren Sie Dreymans Gefühlslage, bevor er sich entschließt, sich an seine Schreibmaschine zu setzen, und nachdem er die Niederschrift begonnen hat. Machen Sie Vorschläge, wie Dreymans Gefühlslage mithilfe von Bewegungen, Gestik, Mimik, Körperhaltung etc. in Szene gesetzt werden könnte.

3 Üben Sie Ihre Darstellung Dreymans ein und präsentieren Sie diese im Plenum.

4 Diskutieren Sie, inwiefern die verschiedenen Darstellungen zur Erschließung neuer Aspekte der Figur Dreymans führen.

5 Vergleichen Sie Ihre Interpretation der Figur mit der unten stehenden Sebastian Kochs. Wo sehen Sie Gemeinsamkeiten, wo Unterschiede?

Sebastian Kochs Notiz zu seiner Dreyman-Interpretation am 1. Dezember 2004 (27. Drehtag):
Dreyman beginnt, mit rotem Schreibmaschinenband den »SPIEGEL«-Text zu schreiben. Und auf einmal weicht der Druck, die Schwere von meiner Brust. Faszinierend: Sowie Dreyman beginnt, gegen den Staat zu arbeiten, ist er seine Beklemmung los. Das war nicht so geplant, nicht so gewollt. Dreyman hält einige Überraschungen für mich bereit. Befreiendes Gefühl!

Arbeitsblatt

Ein Regiekonzept erproben

Als Dreyman die Gauck-Behörde aufsucht und sein Leben in einer Stasi-Akte wiederfindet, wird ihm klar, dass die Stasi bis in seine intimste Privatsphäre eingedrungen ist. Er muss entdecken, dass sich seine Lebensgefährtin Christa-Maria als IM verpflichtet und seine Autorschaft des »SPIEGEL«-Artikels sowie seine Unterstützer verraten hat. Sebastian Koch fasst Dreymans Gefühlslage so zusammen: »Die Szene ist ein Wechselbad der Gefühle. Habe ich je eine Szene gespielt, in der ich so lange kein Wort sage? Alles, was Dreyman geglaubt hat, stellt sich als falsch heraus. Für diesen Mann, der die Wahrheit so lieben will, ein doppelt großer Moment.«

1 a) Lesen Sie die Sequenz (S. 151–156) und machen Sie sich im Text möglichst genaue Notizen zur Veränderung von Dreymans Gefühlslage.
   b) Entwerfen Sie ein Regiekonzept, in dem Sie detaillierte Vorgaben machen, wie ein Schauspieler jenes »Wechselbad der Gefühle« ohne Worte, allein mithilfe seiner Mimik, Gestik, Körperspannung, Kopf- und Körperhaltung, Atmung etc. zur Darstellung bringen kann.
   c) Erproben Sie Ihr Konzept und diskutieren Sie die Angemessenheit der Darstellung von Dreymans (Selbst-)Erkenntnis.

Als Dreyman seine Stasi-Akten liest, verändert sich mit seiner Einsicht in die Stasi-Verstricktheit seiner Umgebung seine Beziehung zu den wichtigsten Menschen in seinem früheren Leben. Er muss seine Beziehungen zu den Menschen aus seiner nächsten Umgebung infrage stellen und neu bewerten. Wie würden Sie auf diesen (Selbst-)Erkenntnisgewinn reagieren?

2 a) Schlüpfen Sie in Dreymans Rolle und schreiben Sie einen Tagebucheintrag, in dem Sie versuchen, sich Klarheit über den Wert Ihrer Beziehungen zu den Menschen zu verschaffen, die Sie an die Stasi verraten haben.
   b) Vergleichen Sie Ihren Tagebucheintrag mit den Äußerungen des Wiesler-Darstellers Ulrich Mühe, dessen reales Leben Parallelen zu Dreymans Fall aufweist (vgl. das Interview im Filmbuch, vor allem S. 188–190). Wo sehen Sie Gemeinsamkeiten, wo Unterschiede?

3 Dreyman stellt seinem neuen Buch »Die Sonate vom Guten Menschen« folgende Widmung voran: »HGW XX/7 gewidmet, in Dankbarkeit«. Beziehen Sie begründet Stellung: Inwiefern ist die Widmung angemessen? Entwerfen Sie gegebenenfalls eine Widmung, die passender wäre.

Texte • Medien
Verstehen und Deuten

Filmische Gestaltung

INFO Einstellungsgrößen im Film

Die Wahl der Einstellungsgröße bestimmt darüber, wie groß Figuren und Gegenstände auf Bildschirm und Leinwand zu sehen sind. Indem der Regisseur das Verhältnis von Bildausschnitt und Bildrahmen verändert, vermittelt er dem Zuschauer die Illusion, dem Geschehen auf der Leinwand bzw. den Figuren mal näher und mal entfernter zu sein. Mit welcher Absicht ein Regisseur seine Einstellungsgrößen wählt und welche Bedeutung(en) ein Bildausschnitt hat, muss aus dem Kontext der Filmhandlung erschlossen werden.

Zur Analyse von Filmbildern aus »Das Leben der anderen« kann man auf eine vierstufige Skala zurückgreifen, die die Einstellungsgrößen zwischen extremer Nähe und extremer Entfernung einordnet.

1. *Groß:* Wo die Einstellung den Kopf eines Menschen bis zum Hals, bisweilen sogar einen extrem kleinen Ausschnitt einer Person oder eines Gegenstandes fokussiert (zuckender Mundwinkel, Träne, Augensprache etc.), werden die Gefühle und Empfindungen ins Zentrum der Wahrnehmung gerückt. Der Betrachter hat die Illusion, sich in extremer Nähe zu den Figuren zu befinden. Die Groß- bzw. Detaileinstellung wird oft vom Regisseur herangezogen, um Emotionen zu verstärken und Spannung zu erhöhen.

2. *Nah:* Um die Aufmerksamkeit der Zuschauer auf die Mimik, z. T. auch auf die Gestik zu lenken, wählt der Regisseur die Naheinstellung, die die Figuren in etwa von der Brust an aufwärts präsentiert. Am Gesicht lassen sich in der Naheinstellung wichtige Informationen über Gefühlslage und Empfindungen der Figuren bzw. über die Dramatik einer Situation ablesen.

3. *Halbnah:* Die Halbnaheinstellung wird gewählt, um den Zuschauern Einblicke in die Beziehungen der Figuren untereinander wie auch in die kommunikative Situation zu geben. Meist sieht man in dieser Situation Menschen etwa von den Knien an aufwärts, manchmal auch nur von der Hüfte. Das ermöglicht es, die Körper der Personen in die Deutung der Szene (z. B. als Hinweise auf der Bildsprachebene) einzubeziehen.

4. *Total:* Diese Einstellungsgröße ermöglicht es dem Regisseur, Einzelnes in einen großen Raum einzubetten. Sie ermöglicht dem Zuschauer, eine Handlung im Gesamtüberblick zu erfassen und sich räumlich zu orientieren. Durch die Kombination von räumlicher Orientierungsfunktion und Handlungsdarstellung kann der Zuschauer vorhergehende oder nachfolgende Einstellungen mit größerer Nähe einordnen.

Filmische Bilder lösen im Zuschauer vom Regisseur kalkulierte Wirkungen bzw. Erfahrungen aus. Was wir als Zuschauer wahrnehmen bzw. wie wir einen Film erleben, hängt immer auch von den technischen Entscheidungen des Regisseurs ab. Indem wir nachvollziehen, inwiefern Kameraeinstellungen, Perspektiven, die Musik, die Schnitttechnik, die Lichtregie etc. unsere Wahrnehmung eines Films beeinflussen, erweitern wir unser Verständnis für die Machart eines Films. Wie die einzelnen filmsprachlichen Mittel für die Organisation der Wahrnehmung wirksam sind, muss jedoch stets bei der Interpretation eines konkreten Filmausschnitts unter Einbeziehung des Inhalts analysiert werden.

Texte . Medien
Verstehen und Deuten

1 Beschreiben Sie, welche Wirkung die unten stehenden Bilder in Ihnen auslösen.

2 Ordnen Sie den Bildern Einstellungsgrößen (vgl. S. 24) zu und erläutern Sie, inwiefern diese Ihre Wahrnehmung beeinflussen. Beziehen Sie auch die Gestaltung des Raums mit ein.

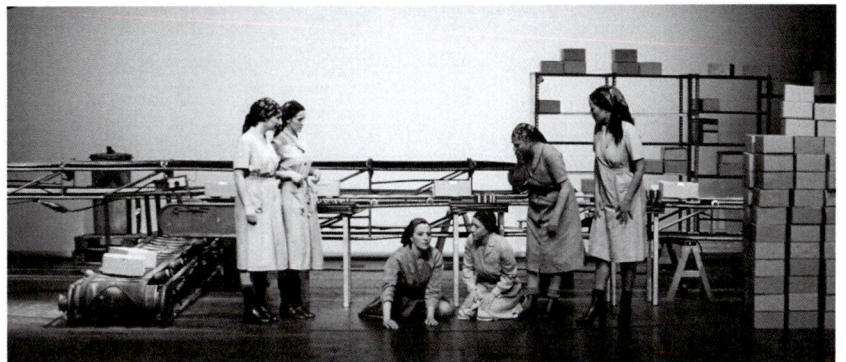

Texte . Medien

Verstehen und Deuten

INFO Perspektiven

Dass die Kamera als Aufnahmeinstrument beweglich ist, ist weniger banal, als es zunächst klingt. Indem sie Figuren und Geschehen aus verschiedenen Positionen aufnehmen kann, gilt sie als elementares Mittel zur Gestaltung der filmischen Bilder und zur Steuerung der Wahrnehmung der Zuschauer. Beides gilt es bei der Analyse von Filmbildern zu beachten. Einerseits lässt die Wahl der Perspektive (zusammen mit anderen stilistischen und inhaltlichen Mitteln) Rückschlüsse auf den Blick des Regisseurs auf das Dargestellte und damit auf seine Aussageintention zu. Andererseits drängt die Perspektive die Zuschauer – oft ohne dass diese es bewusst wahrnehmen – in eine vom Regisseur gesteuerte Wahrnehmungsrolle, die nicht mehr neutral auf das Geschehen blickt. Oft weiß man kaum, warum einem eine dargestellte Figur (un-)sympathisch ist. Eine Aufarbeitung der vom Regisseur gewählten Perspektiven kann dazu verhelfen, sich die Ursachen der eigenen Wahrnehmung bewusst zu machen und aus der gewählten Perspektive Informationen für ein vertieftes Verständnis einer Figur bzw. einer Szene zu gewinnen.

Auch wenn sie in Reinform nur selten auftreten, lassen sich drei Grundtypen von Perspektiven unterscheiden, die zusätzliche Bedeutung transportieren und die Wahrnehmung der Zuschauer beeinflussen:

1. *Normalansicht:* Die Normalansicht liegt vor, wenn das Geschehen von der Kamera etwa auf der Augenhöhe eines Erwachsenen aufgenommen wird, um die alltägliche Wahrnehmung abzubilden.

2. *Untersicht:* Eine Kameraperspektive, die von unten nach oben auf ein Geschehen blickt, wird Untersicht, in ihrer extremsten Variante auch Froschperspektive genannt. Häufig ist eine leichte Untersicht auf eine Person anzutreffen, die die Zuschauer dazu verleitet, einer Figur ihre Sympathie oder Antipathie entgegenzubringen.

3. *Aufsicht:* Eine Kameraperspektive, die von oben nach unten auf ein Geschehen blickt, wird Aufsicht, in ihrer extremsten Variante auch Vogelperspektive genannt. Entweder ist diese Perspektive aus der Handlung heraus motiviert, etwa wenn eine Figur von einem Hochhaus nach unten blickt. In diesem Fall übernehmen die Zuschauer die Perspektive der Figur. Oder die Perspektive wird zur Kommentierung der Handlung verwendet, etwa wenn die untergeordnete Position einer Figur zum Ausdruck gebracht werden soll.

Welche Funktion die jeweils gewählte Perspektive hat und welche Bedeutung ihr zukommt, muss jedoch stets nach inhaltlichem Kontext und mit Blick auf andere filmsprachliche Komponenten entschieden werden.

Texte • Medien
Verstehen und Deuten

1 Ordnen Sie die oberen vier Bilder auf dieser Seite den drei Grundtypen der Kameraperspektive zu.

2 Erläutern Sie Funktion und Bedeutung der gewählten Perspektiven im Kontext des Films.

Texte . Medien
Verstehen und Deuten

1 Beschreiben Sie, welche Wirkung die beiden unteren Bilder auf Seite 27 in Ihnen auslösen.

2 Interpretieren Sie die beiden Bilder mit Blick auf Achsenverhältnisse und Kamerabewegungen und erläutern Sie, inwiefern diese Ihre Wahrnehmung beeinflussen.

3 In einer Filmkritik zu »Das Leben der anderen« heißt es: »Überraschende Kamerawinkel und der Verzicht auf die inzwischen inflationär eingesetzte Realismus-Ästhetik verleihen dem klaustrophobischen, angstdurchsetzten Geschehen eine stimmige Optik, die durch den Einsatz einer ausgebleichten, dunklen Farbskala die repressive Atmosphäre körperlich spürbar macht.«
Suchen Sie Filmszenen, die exemplarisch zur Veranschaulichung dieser Wahrnehmung dienen können.

INFO Achsenverhältnisse und Kamerabewegung

Obwohl das Verhältnis von Handlungsachse und Kameraachse die bewusste Wahrnehmung vieler Zuschauer unterläuft, ist es eines der wichtigsten Instrumente des Regisseurs, um die Zuschauerwahrnehmung zu steuern und Bedeutung aufzubauen. Als Handlungsachse bezeichnet man die (gedachte) Achse, auf der die gefilmten Personen, Tiere etc. handeln, etwa indem sie aufeinander zugehen, sich ansehen, kämpfen etc. Der Regisseur entscheidet über die Blickrichtung der Kamera (= Kameraachse) auf die Handlungsachse. Positioniert er die Kameraachse im rechten Winkel zur Handlungsachse, werden die Zuschauer als unbeteiligte Dritte in die Rolle der Beobachter versetzt, die das Geschehen mehr oder weniger neutral verfolgen können. Entscheidet der Regisseur, Kameraachse und Handlungsachse parallel zueinander zu positionieren, sodass die eine als Fortsetzung der anderen angesehen werden kann, entsteht bei den Zuschauern entweder der Eindruck, als käme eine Figur auf sie zu bzw. als spräche eine Figur zu ihnen, oder es entsteht der Eindruck, die Figur laufe z. B. vor ihnen davon. Auf diese Weise werden die Zuschauer durch die Kamera stärker in die Handlung einbezogen bzw. hineingezogen.

Als Schuss-Gegenschuss-Verfahren bezeichnet man ein Verfahren, das häufig bei der Darstellung von Gesprächen eingesetzt wird. Wenn die Zuschauer zusammen mit einem Zuhörenden auf den Sprechenden blicken und in dem Moment, in dem der Zuhörende zum Antwortenden wird, aus dessen Sicht auf den vorherigen Sprecher geblickt wird, wird die Handlungsachse diametral umgekehrt. Das nennt man auch Achsensprung.

Bedeutsam ist in diesem Zusammenhang auch, wie die Kamera bewegt wird. Nimmt sie einen festen Standpunkt ein, von dem das Geschehen ohne Veränderung der Perspektive aufgenommen wird, wird ein anderer Eindruck erzeugt, als wenn sie aus einer festen Position heraus eine Drehung in der Horizontalen macht – und so die Illusion erzeugt, als folge sie der Bewegung eines Kopfes. Eine weitere Kamerabewegung ist der besonders abrupte Reiß-Schwenk, bei dem die Bewegung so plötzlich vollführt wird, dass er einem Filmschnitt gleicht. Darüber hinaus lässt sich die Nähe zum Objekt auch durch den »Zoom«, eine Veränderung der Brennweite der Kamera, manipulieren. Auf den ersten Blick erscheint den Zuschauern auch der Zoom als Kamerafahrt.

In welcher Funktion diese filmsprachlichen Elemente eingesetzt und welche Bedeutungen damit erzeugt werden, hängt stets vom inhaltlichen Kontext ab.

Arbeitsblatt

Sehen und gesehen werden

»Das Leben der anderen« präsentiert in vielen Szenen auffällig viele Blickwechsel und Beobachtungsverhältnisse. Diese entfalten verschiedene Facetten und Hierarchien des Sehens. Mithilfe Ihres Wissens über filmsprachliche Mittel sind Sie in der Lage, deren Funktion und Bedeutung an ausgewählten Szenen zu erläutern.

Szenensequenz 1:

Während der Installation der Abhöranlage auf dem Dachboden in Dreymans Wohnung wird Wiesler durch einen Türspion vom Beobachter zum Beobachteten (Drehbuch, S. 40–44). Nach der Installation bemüht er sich, von der Rolle des Beobachteten in die des Beobachters zurückzuwechseln. Die Literaturwissenschaftlerin Alke Vierck kommentiert in dem Aufsatz »Wieslers Olymp« die Bedeutung des Sehens als Thema des Films wie folgt:

> Durch den Geheimdienst ist der »Große Bruder« SED, dem Wiesler zuarbeitet, in der Lage, seinen Blick auf den einzelnen Bürger zu lenken. Seine Machtausübung beruht auf einem netzartigen System des Überwachens, bei dem jeder Blick ein Element im Gesamtgetriebe der Macht ist. Der Spion wird zum Auge eines gewaltigen Bespitzelungsapparates. Mit ihrer im Blickwechsel erpressten Verschwiegenheit ist von nun an auch die Nachbarin Teil dieses Überwachungsnetzes, das bis in die untersten Instanzen der Gesellschaft funktioniert.

1 Schauen Sie die Filmsequenz (00:18–00:22) und beschreiben Sie die Wirkung der Blickwechsel zwischen Wiesler und Frau Meineke a) auf die handelnden Figuren, b) auf den Zuschauer.

2 Erläutern Sie, mit welchen filmtechnischen Mitteln die Macht des Blicks im Verhältnis von Wiesler, Frau Meineke und den Zuschauern in Szene gesetzt wird. Analysieren Sie die filmtechnische Inszenierung der Blickwechsel zwischen Wiesler, Frau Meineke und den Zuschauern und erläutern Sie ihre Funktion.

Szenensequenz 2:

3 Arbeiten Sie aus der Drehbuchfassung der Szenensequenz in der Gerhart-Hauptmann-Bühne (S. 22–30) heraus, wie vielschichtig das Themenfeld des Sehens/Beobachtens dort in Szene gesetzt wird.

4 Analysieren Sie die Umsetzung dieser Filmsequenz (00:06–00:11) mit Blick auf die filmsprachlichen Mittel und erläutern Sie ihre Funktion und Wirkung.

Texte . Medien

Verstehen und Deuten

INFO Eine Filmszene analysieren

Eine Szene im Film ist eine in sich geschlossene Handlungseinheit und bildet ein Grundelement des Filmgeschehens. Das filmische Geschehen wird den Zuschauerinnen und Zuschauern auf verschiedenen Ebenen vermittelt. Neben die Handlung und die Sprache der Figuren treten bestimmte filmsprachliche Mittel, die für eine Analyse und Interpretation einer Szene von Bedeutung sind. Die Beantwortung der folgenden Leitfragen ist bei einer Szenenanalyse hilfreich:

Handlung und Figuren
– Wer ist beteiligt? Wer kommt hinzu?
– Wer ist Haupthandlungsträger? Wo war er vor der Szene? Wohin wird er nach der Szene gehen? Was will er?
– Welche Schwierigkeiten, welche Konflikte entstehen?
– Welche Themen werden angedeutet?

Ort und Zeit
– Wo spielt die Szene? Draußen? Drinnen?
– Welche Bedeutung hat der Ort für die Handlung?
– Wann spielt die Szene? Tag? Nacht?
– Wie ist das Verhältnis von Darstellungszeit und dargestellter Zeit?
– Welche Kostüme und Ausstattung gibt es? Farben?

Sprache der Figuren
– Wie sprechen die Figuren? Wortwahl? Lange, kurze, abgehackte, ausführliche Sätze, Ausrufe?
– Wie kommunizieren die Figuren? Fallen sie sich ins Wort? Lassen sie sich ausreden? Reden sie aneinander vorbei? Nehmen sie aufeinander Bezug?
– In welchem Verhältnis stehen die Dialoge zu der Filmerzählung?
– Welche Körpersprache verwenden die Figuren? Körperhaltung und -spannung? Gestik und Mimik?

Filmsprachliche Mittel
– Ist die Szene eher dialogisch oder visuell?
– Welcher Ton wird eingesetzt und wie? On/off? Geräusche? Musik?
– Wie sind die Einstellungsgrößen?
– Welche Kameraperspektiven werden verwendet?
– Wie sind die Achsenverhältnisse und die Kamerabewegungen?
– Wie sind die Lichtverhältnisse gestaltet?

Arbeitsblatt

Einen Interpretationsansatz entwickeln

1 Formulieren Sie ausgehend von Ihren ersten Rezeptionseindrücken Fragen, die geklärt werden müssen, um den Film besser zu verstehen. Beziehen Sie in die Fragen die Ergebnisse Ihrer Beobachtung von inhaltlichen und (film-)sprachlichen Besonderheiten mit ein.

_____

_____

_____

_____

_____

2 Bündeln Sie Ihre Fragen und wählen Sie eine Frage bzw. einen Fragenkomplex aus, deren bzw. dessen Beantwortung Ihnen besonders wichtig für ein besseres Verständnis des Films erscheint. Formulieren Sie eine Leitfrage.

_____

_____

Indem Sie eine Leitfrage wählen und formulieren, klären Sie Ihr Erkenntnisinteresse und das Ziel Ihrer Untersuchungen. Aus Ihren ersten Eindrücken haben Sie sicherlich bereits Vermutungen, wie Ihre Leitfrage beantwortet werden _könnte_. Aus diesen Vermutungen heraus können Sie nun eine – natürlich ungesicherte – Hypothese zur Interpretation entwickeln. (Sollte Ihnen das selbstständige Formulieren von Leitfragen und Interpretationshypothesen Schwierigkeiten bereiten, greifen Sie auf die Ergebnisse Ihrer Bearbeitung der Fragen auf S. 12 f. zurück.)

3 Formulieren Sie Ihre persönliche Interpretationshypothese zu »Das Leben der anderen« in Form eines Aussagesatzes, mit dem Sie darüber informieren, was Sie für die/eine Aussageintention des Films halten.

_____

_____

4 Prüfen Sie während der weiteren Beschäftigung mit dem Film(buch) Ihre These, indem Sie Textstellen bzw. Szenen suchen, die Ihre Hypothese bestätigen oder widerlegen. Modifizieren Sie gegebenenfalls Ihre Interpretationshypothese.

Das Filmgenre bestimmen

2006 und 2007 haben der Filmkritiker Rüdiger Suchsland und die Schauspielerin Martina Gedeck, die in »Das Leben der anderen« die Rolle der Christa-Maria Sieland spielt, jeweils eine Gesamteinschätzung des Films abgegeben.

»Ich war zu schwach. Ich kann nie wiedergutmachen, was Sie getan haben«, sagt Sieland zu ihrem Überwacher, als sie sterbend auf dem Pflaster liegt und endlich begriffen hat, was er getan hat. Und die einzige Frau unter den Hauptfiguren ist es natürlich, die ihr Leben lassen muss und für die Freiheit von zwei Männern am Ende vom Regisseur/Autor geopfert wird. Damit die Läuterung der Hauptfiguren in Gang kommt, muss die Frau zunächst vergewaltigt werden und später in ihrem Blut liegen. Mit dieser Handlung fügt sich »Das Leben der anderen« den klassischen Gesetzen des Melodrams.

Rüdiger Suchsland in »Telepolis« vom 28. 3. 2006

Fiktionale Geschichten, dramatische Komödien und Beziehungskisten können die [die US-Amerikaner] selbst sehr, sehr gut. Aber ein Film über die gesellschaftliche Realität eines anderen Landes bekommt man als Amerikaner nicht so einfach hin. Außerdem ist »Das Leben der anderen« spannend gebaut, mit Liebesgeschichte, großer Versöhnung, die Opferung der Frau – all diese wunderbaren Black-and-White-Ingredienzien, die die Amerikaner so lieben. Es ist auch ein Märchen, und ein Märchen verkauft sich gut. Er hat eben eine amerikanische, auslandskompatible Dramaturgie. Manche Menschen, die in Deutschland Filme machen, sind davon geprägt, Donnersmarck gehört offensichtlich dazu.

Martina Gedeck gegenüber »stern.de« am 12. 2. 2007

1 Arbeiten Sie heraus, welche kompositorischen Elemente des Films Suchsland und Gedeck hervorheben. Halten Sie fest, welchem Genre die beiden jeweils den Film »Das Leben der anderen« zuordnen und warum.

2 Stellen Sie begründet dar, ob Sie eine der Einschätzungen oder beide teilen. Überlegen Sie, welchem Filmgenre »Das Leben der anderen« darüber hinaus zugeordnet werden könnte.

Der Schauspieler Henry Hübchen, der bereits in der DDR ein bekannter Theater- und Filmschauspieler war, äußerte 2006 in einem Interview: »Ich möchte den Umgang mit neuester deutscher Geschichte nicht amerikanisch als Märchen erzählt bekommen.«

3 Was könnte Henry Hübchens Abneigung gegenüber der Präsentation von Geschichte im Genre des Märchens motivieren? Notieren Sie potenzielle Gründe und Motive. Welche finden Sie plausibel, welche nicht?

_____

_____

_____

Das Motiv des »guten Menschen«

Dieter Wrobel

»Die Sonate vom Guten Menschen« – ein Leitmotiv 2008

Die Noten zu eben dieser Sonate bekam Dreyman von Jerska geschenkt – als implizite Frage nach seiner eigenen Moralität. Das Musikstück wurde für den Film eigens komponiert, wird in die Handlung aber als Element klassischer Musikliteratur eingeführt. Über die Sonate wird berichtet, Lenin habe, diese Musik hörend, Zweifel geäußert, ob er die Revolution fortsetzen könne. Im Film wird die Sonate zum Motor einer individuellen Revolution, die aus einem staatstreuen Dichter und aus einem staatstreuen Stasi-Spitzel zwei Staatsfeinde macht. Dreyman spielt in völliger Verstörung das Stück, unmittelbar nachdem er von Jerskas Freitod erfahren hat. Und eben diese Szene samt Musik belauscht Wiesler in seiner Abhörzentrale und vergießt seine einzige Träne, die sein versteinertes Gesicht entlangläuft; hier verliert der sonst fast übermenschlich kontrollierte und emotionsfreie Wiesler nicht nur kurz die Contenance, sondern dauerhaft seine eigene Rollenklarheit und -sicherheit; er beginnt eine Wandlung vom seelenlosen Technokraten zum mitfühlenden Menschen. Mit dieser Sonate verbindet sich auch für Wiesler die Kernfrage nach Moralität, nach dem Guten im/des Menschen. So wird sie zum Symbol der Veränderung, denn beide Männer, Dreyman wie Wiesler, sind an einem Wendepunkt angekommen, von dem aus es für sie kein Zurück mehr gibt. Das Wiederaufgreifen als Buchtitel verbindet die Lebensläufe beider nochmals nach zeitlichem Abstand und der »Wende«. Zugleich ist »Die Sonate vom Guten Menschen« das Element, das die Modi der Rekonstruktion (unterschiedliche Lager der Figuren vor zeithistorischem Kontext) und der Erinnerung (die innere »Wende« als individuelle Vorwegnahme der »großen Wende«) miteinander vernetzt und damit den Schlüssel zu einer Hintergrundfolie des Films liefert. Denn jenseits der konkreten Rekonstruktionen (z. B. DDR, Stasi) werden Fragen aufgeworfen zur Positionierung und Loyalität angesichts eines totalitären Überwachungsapparates und zur Moralität von politischen Überzeugungen.

1 Erläutern Sie Wrobels These, dass Dreyman die Sonate »als implizite Frage nach seiner eigenen Moralität« geschenkt bekommt.

2 Setzen Sie sich mit der (Ohn-)Macht der Kunst auseinander, indem Sie die Wirkung der »Sonate vom Guten Menschen« auf Dreyman und Wiesler erarbeiten. Wie weit reicht ihre Macht, wo liegen ihre Grenzen? Belegen Sie Ihre Überlegungen am Text.

3 Jerska schenkt Dreyman die Noten der »Sonate vom Guten Menschen« als ein Stück klassischer Musik. Tatsächlich wurde die Sonate jedoch für den Film komponiert. Stellen Sie Hypothesen darüber auf, warum die Sonate dem Zuschauer als klassische Musik – nicht aber als ein Stück zeitgenössischer (Film-)Musik – vorgestellt wird.

Texte · Medien
Verstehen und Deuten

1 Erörtern Sie, ob bzw. inwiefern »Das Leben der anderen« der Kunst eine kathartische Wirkung zugesteht.

2 Wie weit reicht die Macht der Katharsis bei den Protagonisten des Films, wo ist ihre Grenze?

3 Erörtern Sie die Frage, ob bzw. inwiefern die Kunst über die Macht verfügt, Menschen zum Besseren zu verändern. Was spricht dafür, was dagegen?

INFO Katharsis

Unter Katharsis versteht man eine Art der Kunsterfahrung, die ursprünglich nur dem antiken Drama zugesprochen worden ist. Nach Aristoteles löst die Dramenhandlung beim Zuschauer Schauder (éleos) und Jammer (phóbos) aus und bewirkt eine Reinigung (Katharsis) von Affekten und Erregungszuständen. Im Verlauf der europäischen Geschichte wurde dieser Zusammenhang immer wieder aufgegriffen, dabei jedoch auch uminterpretiert. So wurden Schauder und Jammer als Furcht/Schrecken und Mitleid aufgefasst – und damit in einen ethischen Zusammenhang gestellt. Vor diesem Hintergrund geht z. B. Lessing davon aus, dass die Handlung einer Tragödie in den Zuschauern Mitleid mit den Helden auslöse, deren Gefühle denen der Zuschauer glichen. Diese Identifikation von Held und Zuschauer führt nach Lessing zu einer moralischen Wirkung: Durch das Mitleid entwickele sich die Furcht, einem ähnlichen Schicksal wie dem des Helden zu erliegen. Um das zu vermeiden, bemühten sich nach Lessing die Zuschauer um eine moralischere Lebensführung, um die Furcht vor dem Schicksal des Dramenhelden zu neutralisieren. Wer sich tugendhaft verhält, muss sich nach dieser Logik nicht fürchten. Andere, vor allem neuere Interpreten des Katharsis-Begriffs verstehen Katharsis dagegen schlichtweg als Entladung aufgestauter Affekte.

Rüdiger Suchsland

Die Frage, was es heißt, gut zu sein 2006

Der Filmkritiker Rüdiger Suchsland geht in seinem Beitrag »Mundgerecht konsumierbare Vergangenheit« vom 28. März 2006 in der Zeitschrift »Telepolis« auf das Verhältnis von Kunst, Ethik und Politik in »Das Leben der anderen« ein.

[M]an [sieht] Wiesler, wie er Brecht-Gedichte liest, und dann, wie er ein Lied hört mit Wolfgang Borcherts Zeile »... und versuche gut zu sein«. Wiesler versucht es. Es ist die Kunst, die ihn zum guten Menschen macht, und »Das Leben der anderen« erzählt davon, wie das geschieht. Es ist ganz erstaunlich und stimmt froh, wie stark der Regisseur Florian Henckel von Donnersmarck offenbar an die Kunst glaubt, zugleich allerdings fragt man sich skeptisch, ob denn das nicht eine sehr altbackene, biedermeierliche Vorstellung von Kunst ist, die hier dominiert: Kunst als das Schöne, Trostspendende, als das, was dem Leben zunächst einmal fernsteht und es besser macht. Fern steht die Kunst in Henckel von Donnersmarcks Sicht auch der Politik. Indem der Film einen solchen Gegensatz zwischen Kunst und Politik konstruiert, knüpft er an die klassischen Ästhetiken des Deutschen Idealismus an: der »ästhetisch erzogene« Mensch als Gegenprogramm zu den rohen Kräften der von der Französischen Revolution geprägten Politik. Bezeichnend für das vom Regisseur gern verwandte Lenin-Zitat in Bezug auf Beethovens »Appassionata«: »Ich kann diese Musik nicht hören, weil ich sonst Menschen die Köpfe streicheln will, denen ich sie doch einschlagen muss, mitleidslos einschlagen.«

Der Film könnte auch »Die Sonate vom Guten Menschen« heißen wie das Musikstück, das im Film vorkommt, denn sein eigentliches Thema ist nicht, wie es jetzt immer heißt, die DDR oder die Stasi, sondern die Frage, was es heißt, gut zu sein. […] Das ist das eigentlich Kuriose an diesem Film: Die Überwachung, von der er erzählt und mit der er die wahre Natur des Überwachungsstaats bloßlegen will, ist rein persönlich durch Eifersucht motiviert und gar keine politische. Denn Dreyman ist zunächst gegenüber dem Regime weitaus loyaler als viele andere, ein geradezu linientreuer Erfolgsautor und persönlicher Freund Margot Honeckers, die ihm, wer hätte das gedacht, ausgerechnet Solschenizyn-Bücher mit persönlicher Widmung schenkt. Sein Herz hat er natürlich trotzdem am rechten Fleck. Und erst, als Dreyman von den heimlichen Treffen seiner Freundin erfährt, fasst er den Mut, heimlich einen regimekritischen Text zu schreiben. Auch hier also Eifersucht und Liebe als Triebfedern, nicht in erster Linie politisches Engagement. […] Die Tragödie der DDR, so könnte man diesen Film verstehen, war, dass sie ihre Gefolgsleute und deren Idealismus durch persönliche Kleinlichkeit und den Egoismus der Funktionäre kaputt machte. Politisch ist der ganze Film daher ein Bluff. […]

Texte . Medien
Verstehen und Deuten

1 Stellen Sie Suchslands Kritik in Ihren eigenen Worten dar.

2 Inwiefern scheint Ihnen Suchslands Kritik berechtigt, inwiefern nicht?

Intertextuelle Bezüge:
»Die Sonate vom Guten Menschen« und
Bertolt Brechts »Der gute Mensch von Sezuan«

Das Leitmotiv der »Sonate vom Guten Menschen« spielt auf das Drama »Der gute Mensch von Sezuan« des Schriftstellers Bertolt Brecht an, das dieser von 1930 bis 1942 geschrieben hat. Brecht legt die Handlung des Stücks als ein gesellschaftliches Experiment an und verortet sie im scheinbar weit entfernten China. Im Kern geht es um die Frage, ob es möglich ist, unter den kapitalistischen gesellschaftlichen Verhältnissen jenes fernen China als ein guter Mensch zu leben. Um diese Frage zu klären – und das Vorurteil außer Kraft zu setzen, man könne als Mensch nicht moralisch integer leben – geben drei Götter der Prostituierten Shen Te genügend Geld, um aus ihrer finanziellen Notlage herauszukommen, die sie zur Prostitution gezwungen hat. Shen Te eröffnet mit der Gabe der Götter einen Tabakladen, von dem sie leben kann. Tatsächlich erweist sich Shen Te als guter Mensch. Sie kann

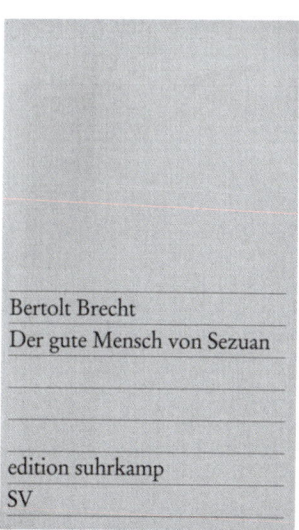

Texte • Medien
Verstehen und Deuten

sich den Sorgen ihrer um Hilfe flehenden Mitmenschen nicht verschließen und versorgt so viele von ihnen, dass sie aufgrund ihrer Güte kurze Zeit später erneut vor dem finanziellen Ruin steht. Den kann sie nur abwenden, indem sie sich ein zweites Ich zulegt: Sie erfindet den ebenso geschäftstüchtigen wie hartherzigen Vetter Shui Ta, in dessen Rolle sie immer dann schlüpft, wenn es gilt, ihre geschäftlichen Interessen gegenüber den Hilfsbedürftigen und Gläubigern durchzusetzen. Im Verlauf des Stücks ist Shen Te immer öfter gezwungen, Shui Tas Rolle einzunehmen, sodass sie hinter der Maskierung immer mehr verschwindet. Um ihre Güte nicht zu verlieren, muss sie sich paradoxerweise in einen hartherzigen Menschen verwandeln; um Gutes tun zu können, muss sie schlecht handeln. Angeklagt des Mordes an Shen Te, wird Shui Ta am Ende vor Gericht gestellt, wo sich Shen Te offenbart: »Euer einstiger Befehl / Gut zu sein und doch zu leben / Zerriß mich wie ein Blitz in zwei Hälften. [...] gut sein zu andern / Und zu mir konnte ich nicht zugleich. [...] / Ach, eure Welt ist schwierig!« Über den Schluss des Stücks heißt es in einem Literaturlexikon: »Der Epilog überantwortet den ›offenen Schluß‹ den Zuschauern und hält sie an, selbst das gute Ende zu finden: in ihrer eigenen sozialen Wirklichkeit. [...] Die Doppelrolle der Shen Te soll die Gespaltenheit des Menschen in der kapitalistischen Gesellschaft anschaulich werden lassen. Güte kann unter den gesellschaftlichen Verhältnissen nur durch gleichzeitige Ausbeutung durchgesetzt werden.« (Walther Killy: Literatur Lexikon)

1 Inwiefern kann man Dreyman, Sieland oder Wiesler als guten Menschen im Sinne Brechts bezeichnen?

2 Am Ende des Gesprächs in der Szene »Bar« sagt Christa-Maria Sieland zu Wiesler: »Und Sie sind ein guter Mensch.« (S. 87) Wie würden Sie diesen Satz interpretieren?

> **INFO Intertextualität**
> Mit dem Begriff der Intertextualität wird hervorgehoben, dass zwischen (= inter) literarischen Texten ein Netz von vielfältigen Beziehungen besteht. Gemeint sind Beziehungen, die entstehen, wenn etwa ein Autor eine neue Variante eines alten Textes schreibt. Indem der Autor Stoffe oder Motive aus vorangegangenen Texten (Prätext) übernimmt und sie zu einem neuen Text (Posttext) umdichtet, schwingen der Prätext und seine Bedeutungen stets im Hintergrund des Posttextes mit; so kann die Berücksichtigung des Prätextes zu einer Erweiterung des Verständnisses des Posttextes beitragen. Darüber hinaus spricht man auch von intertextuellen Beziehungen, wenn ein (Post-)Text vorangegangene Texte direkt als Zitat in sich aufnimmt oder auf Prätexte verweist, indem markante Formulierungen oder Verfahrensweisen eines Prätextes übernommen bzw. imitiert werden. Weil intertextuelle Bezüge Texte mit zusätzlicher Bedeutung aufladen (können), kann ihre Untersuchung dazu beitragen, das Textverständnis der Leser(innen) zu erweitern.

Arbeitsblatt

Intertextuelle Bezüge erschließen

1 Vergleichen Sie »Der gute Mensch von Sezuan« mit »Das Leben der anderen« und notieren Sie Parallelen und Unterschiede, die zur Erschließung zusätzlicher Bedeutungsebenen im Film(buch) beitragen können.

Parallelen	Unterschiede

2 Welche Informationen des Prätextes könnten hilfreich sein, um Ihr Verständnis des Film(buch)s zu vertiefen? Wählen Sie Bezüge aus Ihrer Tabelle aus und formulieren Sie Untersuchungshypothesen.

_____

_____

3 Prüfen Sie während der weiteren Arbeit an dem Filmbuch Ihre These, indem Sie Textstellen suchen, die Ihre Hypothese bestätigen oder widerlegen.

4 Reflektieren Sie zu einem späteren Zeitpunkt Ihr Vorgehen: Wie hat sich die Gegenüberstellung von »Der gute Mensch von Sezuan« und »Das Leben der anderen« auf Ihr Verständnis des Films ausgewirkt?
☐ Sie hat mein Verständnis erweitert.
☐ Sie hat meinen Blick auf die Figuren, das Thema, die Struktur etc. verändert.
☐ Sie hat mich auf falsche Fährten gelockt.
☐ …
Erläutern Sie Ihre Erfahrungen mit dem Verfahren der Texterschließung.

5 Wie würde Brechts guter Mensch das Verhalten von Wiesler, Sieland und Dreyman beurteilen? Schlüpfen Sie in Shen Tes Rolle und schreiben Sie einen Brief an die Protagonisten aus »Das Leben der anderen«, in dem Sie auf Gemeinsamkeiten und Unterschiede der Figuren und ihrer Probleme eingehen.

Texte • Medien
Verstehen und Deuten

Kultur und Politik in der DDR

Andreas Trampe
Kulturpolitische Weichenstellungen in der Geschichte der DDR 1998

Um die Handlungsspielräume der Künstler in der DDR einschätzen zu können, muss man wissen, welche Rolle der Kunst nach 1945 von staatlicher Seite zugedacht wurde. In einem Beitrag zu »Kultur und Medien« in der SBZ bzw. DDR skizziert Andreas Trampe wichtige Stationen und Strömungen.

Wilhelm Pieck bei einer Kundgebung der »Einheitsfront der antifaschistischen Parteien«, Berlin 1945

Trotz allem: Das Nachkriegs-Berlin kam schnell auf die Beine, und unter oft schwierigen Bedingungen erneuerte sich das kulturelle Leben. Freilich überließen die Alliierten diesen Prozess nicht dem Selbstlauf. Kaum etwas geschah ohne ihre Zustimmung, ohne Stempel und Lizenz. Sie verfolgten eine Politik der Umerziehung (*reeducation*), die auf das Denken und die Kultur der Besiegten zielte, wobei die ethischen und kulturellen Werte der Sieger den Maßstab bildeten. […]

Als überparteilich agierende Massenorganisation, die nach dem Krieg die demokratischen Kräfte zusammenführen sollte, wurde der »Kulturbund zur demokratischen Erneuerung Deutschlands« konzipiert. […] Der Kulturbund in der SBZ […] rückte [jedoch] 1948/49 vom Konzept der Überparteilichkeit schrittweise ab und suchte sein Heil im engen Bündnis mit der SED. […]

Ein Jahr vor Gründung der DDR begann die sogenannte »Formalismus«-Debatte, die für ca. fünf Jahre den kunstpolitischen Diskurs beherrschen und sich später wie ein Schatten durch die Kulturgeschichte des Landes ziehen sollte. Den Auftakt gab im November 1948 eine Abhandlung in der »Täglichen Rundschau« über formalistische Tendenzen in der Malerei. Mit diesem Artikel »importierte« das SMAD-Blatt den von Andrej Schdanow 1947/48 in der Sowjetunion geführten Kampf gegen den Formalismus. In der SBZ diente der Formalismus-Streit bis 1951 vor allem der öffentlichen Veranschaulichung einer kunstpolitischen Problemstellung. Doch in der folgenden, wiederum von der »Täglichen Rundschau« eingeleiteten Phase brach die Kampagne gegen »formalistische Kunst« offen aus und das dahinterstehende kulturpolitische Verdikt wurde hart verteidigt. Der im Januar 1951 veröffentlichte Artikel […] übte vernichtende Kritik an Abweichungen vom Kanon realistischer Kunst in der DDR. Im März 1951 machte das ZK der SED die kulturelle Entwicklung im Lande zum Hauptthema seiner 5. Tagung. […] Erst durch den Druck der Ereignisse um den 17. Juni 1953 sah sich das ZK der SED auf seiner 15. Tagung zu einer Kritik der eigenen Kulturpolitik veranlasst. Es beschloss eine Kurskorrektur, die den Umbau des administrativen

Apparates vorschrieb und 1954 in der Gründung des Ministeriums für Kultur kulminierte. [...]

Nach den Schauprozessen 1956/57 gegen die aus Berliner Kultureinrichtungen stammenden Mitglieder der zwar DDR-kritisch, aber systemimmanent agierenden Gruppe um Wolfgang Harich [...] startete die SED-Führung eine neue kulturpolitische Offensive, die direkt in den »Bitterfelder Weg« mündete. Der V. Parteitag der SED im Juli 1958 proklamierte Kulturrevolution als notwendigen Bestandteil der sozialistischen Revolution und wies dieser drei Hauptaufgaben zu: Erstens müsse die Arbeiterklasse die »Höhen der Kultur erstürmen«, zweitens sollten die Kulturschaffenden endlich die »Kluft zwischen Kunst und Leben« überwinden, drittens gelte es, den Weg zur »gebildeten Nation« zu ebnen. Die Steigerung der Industrieproduktion, die Verbesserung des Lebensstandards sollte sich auch in der Kultur niederschlagen. [...] Die Produktion des Schönen und Angenehmen, so die Botschaft, erfordere eine Annäherung und Verquickung von industrieller und künstlerischer Arbeit. [...] Drei Monate später fand die I. Bitterfelder Konferenz statt. Ursprünglich war dieses Treffen als eine Veranstaltung des Mitteldeutschen Verlages Halle (Saale) geplant, um Autoren und Arbeiter miteinander ins Gespräch zu bringen. Als Ulbricht um seine Teilnahme gebeten wurde, kündigte er an, zugleich »Grundfragen der Kulturpolitik« klären zu wollen. [...] Sein Appell an die Schriftsteller, am Alltag der Arbeiter teilzunehmen, sie zum Schreiben zu motivieren und über ihr Leben zu berichten, fand Zustimmung bei Arbeitern und Laienkünstlern. Einer von ihnen, Werner Bräunig, lieferte mit seinem Beitrag das später berühmt gewordene Motto für den Bitterfelder Weg: Es kann »nur der Schriftsteller Erfolg haben, der den Menschen in der Produktion kennt, mit ihm fühlt und mit ihm lebt. Ja, die größte Unterstützung bekommt unsere literarische Entwicklung durch den Arbeiter selbst, wenn er zum Autor wird. *Kumpel, greif zur Feder, die sozialistische Nationalkultur braucht dich!*« In der Folgezeit entstanden Hunderte von Zirkeln Schreibender Arbeiter sowie zahlreiche Malzirkel, Theater- und Kabarettgruppen, deren Arbeit finanziell und organisatorisch von den Betrieben, Gewerkschaften und Kulturinstitutionen gefördert wurde. Zeitungen verbreiteten Gedichte und Prosatexte von Arbeitern. Aufseiten der professionellen Schriftsteller stellte sich jedoch bald Ernüchterung ein. [...]

Der Bau der Berliner Mauer im Sommer 1961 wurde von namhaften Intellektuellen, die in der DDR lebten, öffentlich verteidigt. [...] Doch bereits sechs Wochen nach der Grenzziehung demonstrierten die Funktionäre des Parteiapparates Härte. Sie bewerteten Heiner Müllers Komödie »Die Umsiedlerin oder Das Leben auf dem Lande« als »konterrevolutionäres, antikommunistisches und antihumanistisches Machwerk«, schlossen den Autor aus dem Schriftstellerverband aus und schickten Regisseur Bernhard Klaus Tragelehn ein Jahr zur »Bewährung in die Produktion«. Um die Jahreswende 1962/63 richtete sich der Zorn der

---

Texte . Medien
Verstehen und Deuten

1 Welche Bedeutung misst die politische Führung der DDR der Kunst zu? Erläutern Sie, was von den Künstlern erwartet und welches Verhalten sanktioniert wird.

2 Stellen Sie Verbindungen zwischen der Situation der Künstler im Film und den kulturpolitischen Weichenstellungen in der DDR her. Wo sehen Sie Parallelen?

Texte • Medien
Verstehen und Deuten

Bewährung in der Produktion
Die »Bewährung in der Produktion« diente in den Fünfziger- und Sechzigerjahren der Disziplinierung von Intellektuellen, deren Denken und Tun sich scheinbar vom »wirklichen Leben« entfernt hatte. Nach ihrer Entlassung aus kulturellen oder wissenschaftlichen Institutionen arbeiteten sie für ein bis drei Jahre in der »materiellen Praxis«. Ihre »Bewährung« endete mit einem Anerkennungsschreiben des Betriebes.
Andreas Trampe (1998)

Walter Ulbricht
1893 Geburt in Leipzig
1918/19 Mitbegründer der KPD
1933–1945 Exil
1950–1971 Vorsitzender der SED
1960–1971 Staatsoberhaupt der DDR
1973 Tod in Ostberlin

Kulturbürokraten gegen den Chefredakteur der renommierten Zeitschrift »Sinn und Form«, Peter Huchel. Im Herbst 1948 von Becher berufen, hatte Huchel im Periodikum der Kunst-Akademie häufig Literatur aus dem Westen publiziert, darunter Essays von Sartre, Adorno und Horkheimer. 1962 veröffentlichte er Ernst Fischers Aufsatz »Entfremdung, Dekadenz, Realismus«, ein Plädoyer für Klassiker der Moderne wie Joyce, Proust und vor allem Kafka. Wenig später erfolgte Huchels Entlassung aus der Redaktion. […]

Neue radikale Eingriffe in Kunstprozesse offerierte schon bald das »11. Plenum des ZK der SED im Dezember 1965«. […] Erich Honecker geißelte an konkreten Beispielen »dem Sozialismus fremde, schädliche Tendenzen« und mahnte alle Künstler, stets »den parteilichen Standpunkt« zu vertreten. […]

Der Autor und Sänger Wolf Biermann, laut eigenem Bekenntnis Kommunist, wurde nach seinem Kölner Konzert am 13. November 1976 auf Anweisung des Politbüros der SED ausgebürgert […]. Von einer spontanen Entscheidung in dieser Sache kann nicht gesprochen werden, denn schon 1973 hatte das MfS dem Politbüro ein Szenario vorgeschlagen, das den Entzug der Staatsbürgerschaft im »Fall Biermann« vorsah. Zwar hatte Biermann in seinem Kölner Konzert scharfe Kritik an Missständen in der DDR geübt, doch zugleich verteidigte er das Land als den besseren deutschen Staat. In den Tagen und Wochen nach seiner Ausbürgerung demonstrierten viele Künstler in der DDR Zivilcourage und bekundeten dem Sänger ihre Solidarität. Auf Initiative von Stephan Hermlin verfassten zwölf Autoren einen offenen Brief, dem sich innerhalb kurzer Zeit über 150 Künstler und Intellektuelle anschlossen. […] Doch das Politbüro dachte nicht daran, über die Ausbürgerung zu diskutieren oder sie zurückzunehmen. Das kulturpolitische Klima in der DDR verschärfte sich weiter, und zahlreiche Schriftsteller, bildende Künstler, Musiker, Schauspieler und Regisseure verließen in der Folgezeit das Land.

Walter Ulbricht
Rede vor der Volkskammer 1951

Wir wollen in unseren Kunstschulen keine abstrakten Bilder mehr sehen. Wir brauchen weder Bilder von Mondlandschaften noch von faulen Fischen und Ähnliches. Es ist höchste Zeit, an den Kunsthochschulen einen entschiedenen Kampf gegen den Formalismus und Kosmopolitismus zu führen und gründlicher als bisher die Geschichte der Kunst vom Standpunkt des historischen Materialismus zu studieren. Die Grau-in-Grau-Malerei, die ein Ausdruck des kapitalistischen Niedergangs ist, steht in schroffstem Widerspruch zum neuen Leben in der Deutschen Demokratischen Republik.

INFO Sozialistischer Realismus

Der Begriff Sozialistischer Realismus bezeichnet eine Parteirichtlinie der KPdSU für Literatur, bildende Kunst und Musik (und für Literatur-, Kunst- und Musikkritik). 1932 wurden in der Sowjetunion alle bis dahin bestehenden literarischen Gruppierungen aufgelöst und in einen einheitlichen sowjetischen Schriftstellerverband überführt. In dessen Satzung wurde 1934 folgende Definition für die Parteirichtung der Literatur aufgenommen: »Der sozialistische Realismus als grundlegende Methode der sowjetischen künstlerischen Literatur und Literaturkritik fordert vom Künstler eine wahrhafte, historisch konkrete Darstellung der Wirklichkeit in ihrer revolutionären Entwicklung. Hierbei müssen Wahrheit und historische Konkretheit der künstlerischen Darstellung der Wirklichkeit in Abstimmung mit der Aufgabe der ideellen Umformung und Erziehung der Werktätigen im Geiste des Sozialismus gebracht werden.« Der Schriftsteller habe die Wirklichkeit so widerzuspiegeln, dass die nach Auffassung des Sozialismus »typischen« Tendenzen und das geschichtlich objektiv Notwendige sichtbar werden. Gemäß dieser Definition treten ästhetische Aspekte und künstlerische Freiheiten hinter der ideologisch-erzieherischen Aufgabe der Kunst im Sinne des Marxismus-Leninismus zurück.

Die sowjetische Parteirichtlinie für die Literatur galt in allen sozialistisch-kommunistischen Ländern und wurde auch in der DDR von der SED durchgesetzt und kontrolliert. Literarische Werke nach dieser Parteidoktrin sollen sich durch Lebensechtheit und Volkstümlichkeit auszeichnen, sie sollen einfach zu lesen sein, um eine breite Wirkung zu erreichen, und sie sollen in Übereinstimmung mit der Weltanschauung des Kommunismus den optimistischen Glauben an einen zukünftig zu erreichenden Gesellschaftszustand befördern. Im Mittelpunkt steht zumeist ein positiver Held, der die sozialen Ideen beispielhaft vertritt.

Vermieden werden sollen in der Literatur des sozialistischen Realismus alle formalen Experimente und Techniken sowie individualistische Tendenzen, Erzählweisen wie Satire, Humor und Ironie, Absurdes und Groteskes, außerdem religiöse und sexuelle Themen.

Schriftsteller, die die Parteidoktrin teilten und die Einschränkungen in der Form- und Themenwahl akzeptierten, genossen als »Pädagogen des Volkes« bei der Parteiführung der DDR hohes Ansehen.

Texte . Medien
Verstehen und Deuten

1 Erläutern Sie das Verhältnis von Kunst/Literatur und Politik im Programm des sozialistischen Realismus.

2 Inwiefern spiegelt sich diese Verhältnisbestimmung in den anderen Beiträgen in diesem Kapitel wider?

Texte . Medien
Verstehen und Deuten

Aufruf der Jugendbrigade »Nikolai Mamai« 1959

Wir haben uns in der Vergangenheit bemüht, auf sozialistische Weise zu arbeiten, und wir sind ein gutes Kollektiv geworden. […] Aber das reicht noch nicht aus, um die neuen und größeren Aufgaben, die vor unserer Republik stehen, zu meistern. […] Deshalb werden wir gegen alle Überreste der Arbeitsbummelei und Trinkerei entschieden kämpfen. Wir […] wollen ständig aus den politischen und fachlichen Erfahrungen klassenbewusster Arbeiter lernen. Wir erstreben, dass die Freunde unserer Brigade das Buch des Monats lesen, um auf diese Weise zu erreichen, dass jedes Mitglied sich eine Hausbibliothek schöngeistiger Literatur zulegt.

Walter Ulbricht
Rede vor Schriftstellern 1959

Es ist notwendig, dass der Schriftsteller, der das Neue in der Entwicklung der Menschen gestaltet, in Verbindung mit der Lösung der großen Produktionsaufgaben, in Zusammenarbeit mit einer Gruppe von Arbeitern oder auch Angehörigen der technischen Intelligenz […] diese ganzen Probleme studiert und ausarbeitet. […] Ich möchte also unterstreichen, dass wir die Aufgaben der Schriftsteller in den Rahmen der sozialistischen Umwälzung, in den Rahmen der Lösung der ökonomischen Hauptaufgabe stellen, die das Ziel hat, das Übergewicht gegenüber Westdeutschland in Bezug auf den Pro-Kopf-Verbrauch der Bevölkerung und im Kampf um das wissenschaftlich-technische Weltniveau zu erreichen. Selbstverständlich brauchen wir dieses Tempo der ideologisch-kulturellen Entwicklung der Deutschen Demokratischen Republik nicht etwa nur, um das Leben der Werktätigen schöner zu gestalten, und deshalb, weil der Sozialismus nicht anders zum Ziel geführt werden kann, sondern auch, *weil wir auf allen Gebieten der Kultur die absolute Überlegenheit gegenüber Westdeutschland in den nächsten Jahren unter Beweis stellen müssen*. Das gilt für alle Zweige der Kunst.

Erich Honecker
1912 Geburt in Neunkirchen
1935–45 Inhaftierung
1946 Gründungsmitglied der FDJ
1971–89 Vorsitzender der SED und Staatsoberhaupt der DDR
1992–93 Inhaftierung in der Bundesrepublik
1994 Tod in Santiago de Chile

Erich Honecker
Bericht an das 11. Plenum des ZK der SED 1965

In einigen während der letzten Monate bei der DEFA produzierten Filmen […], im Manuskript des Bühnenwerkes »Der Bau«, […] in einigen Fernsehproduktionen und literarischen Veröffentlichungen zeigen sich dem Sozialismus fremde, schädliche Tendenzen und Auffassungen. In diesen Kunstwerken gibt es Tendenzen der Verabsolutierung der Widersprüche, der Missachtung der Dialektik der Entwicklung, konstruierte Konfliktsituationen, die in einen ausgedachten Rahmen gepresst sind. Die Wahrheit der gesellschaftlichen Entwicklung wird nicht erfasst. Der schöpferische Charakter der Arbeit der Menschen wird negiert. Dem Einzelnen stehen Kollektive und Leiter von Partei und Staat oftmals als kalte und fremde Macht gegenüber. Unsere Wirklichkeit wird nur als schweres, opferreiches Durchgangsstadium zu einer illusionären schönen Zukunft […] angesehen. […] Wir sind selbstverständlich nicht gegen die Darstellung von Konflikten und Widersprüchen, wie sie beim Aufbau des Sozialismus auftreten. Wir sind nicht für eine oberflächliche Widerspiegelung der Wirklichkeit. Uns geht es um den parteilichen Standpunkt des Künstlers bei der politischen und ästhetischen Wertung der Wirklichkeit und damit auch um sein aktives Mitwirken bei der Darstellung der Konflikte und ihrer Lösungen im Sozialismus.

Die Orientierung auf die Summierung von Fehlern, Mängeln und Schwächen wird von Kreisen genährt, die daran interessiert sind, gegenüber der Politik der DDR Zweifel zu erwecken und die Ideologie des Skeptizismus zu verbreiten.

Christa Wolf
Erklärung zu Walter Janka 1989

Am 28. Oktober 1989 fand im Deutschen Theater in Ostberlin eine Lesung statt, die noch kurze Zeit vorher undenkbar gewesen wäre. Der Schauspieler Ulrich Mühe las öffentlich Auszüge aus Walter Jankas Buch »Schwierigkeiten mit der Wahrheit«, das im selben Jahr im Hamburger Rowohlt Verlag erschienen war. In diesem Buch berichtet Janka, wie er im Dezember 1956 als Leiter des Ostberliner Aufbau-Verlags aufgrund des Verdachts der Bildung einer konspirativen, staatsfeindlichen Gruppe verhaftet und 1957 in einem politischen Schauprozess wider besseren Wissens aller an dem Verfahren Beteiligter unschuldig zu zehn Jahren Haft verurteilt wurde. Von der Schriftstellerin Christa Wolf wurde zu Beginn der Lesung eine Erklärung verlesen, aus der die folgenden Auszüge stammen.

Heute abend findet in diesem Theater eine bedeutsame Premiere statt: Zum erstenmal wird öffentlich und so radikal wie möglich jenes Grundübel zur Sprache kommen, aus dem über die Jahrzehnte hin fast alle anderen Übel des Staates DDR hervorgegangen sind: der Stalinismus. Vor mehr als dreißig Jahren wurde an Walter Janka ein Exempel statuiert, dessen Ziel es war, ihn zu brechen. Seine Unbeugsamkeit, sein Mut, seine Beharrlichkeit haben sein Schicksal zum Beispiel werden lassen. Es ist mehr als ein günstiger Zufall, daß wir seinen Bericht darüber

Christa Wolf spricht am 4. 11. 1989 auf einer Demonstration für Presse- und Meinungsfreiheit auf dem Berliner Alexanderplatz

Texte • Medien
Verstehen und Deuten

1 Erläutern Sie, warum Christa Wolf hervorhebt, dass der Text »Schwierigkeiten mit der Wahrheit« ins *öffentliche* Gespräch gehört.

2 Stellen Sie dar, welche Figuren in »Das Leben der anderen« a) vor und b) nach der Wende »Schwierigkeiten mit der Wahrheit« haben könnten.

in diesen Wochen, in denen alles davon abhängt, daß wir lernen, von Grund auf umzudenken, als Lehrbeispiel in den Händen haben. Dieses Buch muß – und ich höre, es wird – so bald wie möglich in der DDR erscheinen. Es stellt uns vor einen bisher geleugneten, unterschlagenen, besonders düsteren Aspekt unserer Realität. Es gehört in das öffentliche Gespräch und ist, wie weniges sonst, geeignet, dieses Gespräch zu vertiefen und es von den Symptomen weg zu den Ursachen jener Deformationen zu führen, [...] unter denen auf einmal alle gelitten haben wollen, die aber keiner zu verantworten hat. So äußert sich die Fortdauer der Deformationen. [...]

Daß er [Walter Janka] bis heute nicht in aller Form öffentlich rehabilitiert wurde – er und die anderen Opfer von Schauprozessen in den fünfziger Jahren –, ist ein Zeichen des schleichenden Stalinismus, der, zu Zeiten schärfer, zu Zeiten milder, den manifesten Stalinismus abgelöst, aber seine Grundposition nicht aufgegeben hat, die da heißt: Der Zweck heiligt die Mittel. Nun haben die unsittlichen Mittel den Zweck zersetzt. Nicht nur die Institutionen sind ausgehöhlt, auch die Werte, die sie verkörpern sollten, zerfielen in der langen Erosionsperiode. Die Krise, die aufgebrochen ist, signalisiert auch einen geistig-moralischen Notstand unserer Gesellschaft, der nicht so schnell zu beseitigen sein wird wie ein Versorgungsnotstand oder ein Reisedefizit. [...] Wir müssen unsere eigenen »Schwierigkeiten mit der Wahrheit« untersuchen und werden finden, daß auch wir Anlaß haben zu Reue und Scham. Wollen wir uns doch nicht täuschen lassen: Ehe die Erneuerung unserer Gesellschaft nicht in die Tiefe von Selbstbefragung und Selbstkritik eines jeden einzelnen vorgedrungen ist, bleibt sie symptombezogen, mißbrauchbar und gefährdet. [...]

Wolf Biermann
Die Kosten-Nutzen-Rechnung der SED 2001

Der Sänger und Liederdichter Wolf Biermann, der im November 1976 nach elfjährigem Auftrittsverbot in der DDR das Land verlassen durfte, um im Westen zu singen, wurde nach seinem Konzert in Köln am 13. November vor 7000 Menschen die Staatsbürgerschaft der DDR entzogen und die Wiedereinreise verboten. Biermann, der 1953 als Siebzehnjähriger freiwillig von Hamburg in die DDR übergesiedelt war, hatte sich bis dahin mit Liedern wie der »Populärballade« nicht gescheut, die Vertreter des SED- und Stasi-Apparats als »Spatzenhirn mit Löwenmaul«, »deutsche Gartenzwerg[e]« oder »dicke deutsche Maden« zu bezeichnen.

Für die Neugierigen unter den Nachgeborenen sei angemerkt: Diese offene Sprache [der »Populärballade«] entsprach nicht dem normalen Umgangston im Osten.

Dasselbe in platter Prosa aus dem Munde eines normalen DDR-Bürgers vor den Ohren eines Spitzels, da wäre bei den damaligen Preisen jede dieser Strophen drei Jahre wert gewesen.

Diese Ballade wanderte im DDR-Underground als x-mal kopierte Kopie einer Kopie jedes Mal mit mehr Grundrauschen auf dem Tonband von Ost-Ohr zu Ost-Ohr. Und dieses technische Bandrauschen war ein »echt geiler«, nämlich ein hochpolitischer Sound. Er lieferte subversive Information: Ihr seid nicht so aussichtslos allein, wie ihr in eurem Hinterzimmer beim Abhören des Bandes womöglich denkt!

Aber zugleich landeten diese Lieder, rausgeschmuggelt als 38er-Tonbänder, auch auf Hi-Fi-Langspielplatten, die man im Westen kaufen konnte. So grundverschieden waren eben die Tonqualitäten und die Preise: Im Osten kostete es Knast und im Westen paar Mark. Das hatte sich so pervers eingespielt. […]

Nun aber, als hilfloser Held der westlichen Welt, dämmerte mir, dass ich mit solchen rabiaten Hetzliedern bei Deutschen, die in der bürgerlichen Demokratie lebten, auf vertrackte Weise und naiv eine Lüge über das Leben in der DDR verbreitet hatte: Besonders meine linksgläubigen Fans im Westen dachten nämlich, ja mussten wohl glauben, dass man in der DDR derartig wider den Stachel löcken kann und dennoch nicht auf dem Scheiterhaufen landet.

Auch für kritische Bundesbürger war es schwer vorstellbar, dass es in der DDR nicht nach harten oder sogar unmenschlichen Gesetzen ging, sondern von Fall zu Fall beliebig nach einer zynischen Kosten-Nutzen-Rechnung der SED-Parteistrategen. Und nur diese realsozialistische Gesetzlosigkeit hatte mich – ein Politparadox – vor der längst »verdienten Strafe« immer wieder gerettet. Auch die Rechtsnormen waren eine pragmatische Variable im Klassenkampf.

Fritz Pleitgen über Wolf Biermann
[Wolf Biermann ist ein Mensch, der] nicht die Fähigkeit [besitzt], sich unklar auszudrücken. Sein bisschen Fantasie, sagt er selbst, habe er nie dafür vergeudet, das Wenige, das er herausgekriegt habe, auch noch so versteckt zu sagen, dass es kein Schwein merke. Wohl wahr! Er geht immer die ganze Strecke. Oft noch weiter! Wenn es sein muss, geht er auch zu weit. So seltsam es klingt, aber das mag ihn vor Bautzen gerettet haben! Anders ist nicht zu erklären, dass er mit seiner »Populärballade« davongekommen ist. Damals im Kalten Krieg konnte ihn keine westliche Öffentlichkeit schützen. Er stand dem SED- und Stasiapparat ganz allein gegenüber, und dennoch verspottete er die obersten Parteigrößen […]. Solche unglaublichen Frechheiten konnten die Bonzen im Polizeistaat DDR einfach nicht für wahr halten.

Texte . Medien
Verstehen und Deuten

1 Inwiefern können Biermanns Erfahrungen als Beleg für die (Ohn-)Macht der Kunst in der DDR gewertet werden? Beziehen Sie auch Fritz Pleitgens Erklärung in Ihre Überlegungen mit ein.

Protest gegen die Ausweisung von Wolf Biermann

Texte • Medien
Verstehen und Deuten

Heimat DDR: Gehen oder bleiben?

1 Verfassen Sie einen fiktiven Tagebucheintrag Christa-Maria Sielands, in dem sie überlegt, ob sie dem Land den Rücken kehren sollte und was sie in der DDR hält. Beziehen Sie ausgewählte Szenen (z. B. S. 81–83, 84–87) zur Veranschaulichung ein.

2 Schreiben Sie einen Brief aus Jerskas Sicht an Dreyman, in dem Sie Ihr Verhältnis zu Ihrer Heimat DDR, Ihre persönlichen Erwartungen, Hoffnungen und Enttäuschungen an den Staat und Ihre Mitmenschen erläutern und erklären, warum und wozu Sie Dreyman die »Sonate vom Guten Menschen« geschenkt haben.

3 Schlüpfen Sie in Dreymans Rolle und verfassen Sie posthum einen (Abschieds-)Brief an Ihren toten Freund Jerska, in dem Sie erläutern, warum Sie weder seinem Beispiel folgen noch die DDR verlassen wollen. Ziehen Sie ausgewählte Szenen des Films zur Veranschaulichung Ihrer Position heran.

Wolfgang Thierse weist in seinem Interview für dieses Heft (vgl. S. 82–85) darauf hin, dass es für viele, die ihr Wissen über die DDR nur aus »Das Leben der anderen« beziehen, schwer nachvollziehbar ist, wieso die Menschen in diesem Land über 40 Jahre auch freiwillig gelebt haben können. Die Entwicklungen von Christa-Maria Sieland, Albert Jerska und Georg Dreyman stehen für unterschiedliche Möglichkeiten, die persönliche Frage nach dem Gehen oder Bleiben zu beantworten. An den Entscheidungen und Entwicklungen dieser Figuren lassen sich ihre Motive ablesen. Was Menschen motiviert hat bzw. haben könnte, zu gehen oder zu bleiben, dazu versammelt dieses Kapitel einige Stimmen.

> **INFO Historischer Kontext nach 1945: Heimat DDR**
> Mit den anti-nazistischen, anti-militaristischen und anti-monopolistischen Intentionen des Potsdamer Abkommens vom 2.8.1945 deutete sich für Deutschland die Möglichkeit eines »Dritten Weges« zwischen Kapitalismus und Sozialismus an, der damals von der SPD und Teilen der CDU (Ahlener Programm) gutgeheißen wurde. Der Traum eines von Demokratie *und* Sozialismus (wieder-)vereinigten Deutschlands zerbrach an den ökonomischen und strategischen Hegemoniebestrebungen der Siegermächte.
> Viele jener Sozialisten und antifaschistischen Humanisten, die sich während der Exiljahre in eine Art (literarische) »Volksfront« eingereiht hatten, gingen in die Sowjetisch Besetzte Zone, da sie sich dort noch am ehesten eine Weiterentwicklung ihrer bisherigen Ziele vorstellen konnten; die bekanntesten unter ihnen: Anna Seghers, Arnold Zweig, J. R. Becher […].
> In der Westzone setzte man dagegen frühzeitig auf die Vertreter der sogenannten »Inneren Emigration«, die in ihrer Mehrheit eher liberal-konservativen Gesinnungen anhing und durch ihre kompromissbereite Haltung gegenüber der alten Führungsschicht eine Kontinuität anderer Art garantierte. […]
> Die spätere SED sah in der DDR die »Verkörperung der besten Traditionen der deutschen Geschichte«. Laut ihrem Programm war sie die »Erbin alles Progressiven in der Geschichte des deutschen Volkes«, wobei insbesondere das Erbe der deutschen Arbeiterbewegung und das antifaschistische Exil gemeint waren. Ebenso, wie ausschließlich fortschrittliche Traditionen in die DDR gemündet seien, sollten alle reaktionären Traditionen der Bundesrepublik angelastet werden. Nicht umsonst gehörten die Romane Heinrich Manns, Anna Seghers' und Arnold Zweigs zur Pflichtlektüre in den Klassen 7–12 der DDR-Schulen. Wie keine anderen Autoren nahmen diese – neben den deutschen Klassikern – im Lektürekanon des Deutschunterrichts in der DDR den breitesten Raum ein.
> *(Michael Ackermann: Exilliteratur 1933–45, S. 18f., 25)*

Christian Weber
Warum ich bleibe 1989

1989 gibt der evangelische Pfarrer Christian Weber aus Radebeul bei Dresden, geboren 1943, in seinem Buch »Ich bleibe! Alltag in der DDR« Auskunft über seine Gründe, in der DDR zu bleiben:

Als man mich das erste Mal fragte: »Warum bleiben Sie in der DDR?«, wurde ich an eine ähnliche Frage erinnert, die mir vor einigen Jahren gestellt worden war. Meine Tochter ging in die erste Klasse der Schule. Nach drei Monaten kündigte die Klassenlehrerin einen Hausbesuch an. Ich konnte mir denken, worum es geht. Drei Mädchen, darunter Anna, waren nicht der Pionierorganisation beigetreten. Nachdem wir, meine Frau und ich, mit der Lehrerin bei einer Tasse Kaffee über die Klassenzusammensetzung und Eingewöhnungsprobleme, die manche Schüler immer noch haben, gesprochen hatten, kam prompt die Frage: »Warum schicken Sie eigentlich Ihre Tochter nicht in die Pioniere?« Ich lächelte die Lehrerin an und sagte: »Frau Hausmann, ich könnte Ihnen jetzt verschiedene Gründe nennen, warum ich das nicht tue, so zum Beispiel, weil meine Tochter christlich erzogen ist und die Pionierorganisation daran weder anknüpft noch es positiv zur Kenntnis nimmt, im Gegenteil. Aber das wissen Sie ja. Bitte verstehen Sie mich richtig, wenn ich Ihnen sage, dass Ihre Frage für uns falsch gestellt ist. Für uns kann die Frage zunächst nur heißen: Warum sollen wir unsere Tochter denn in die Pioniere schicken? Davon müssten Sie uns zunächst einmal überzeugen. Denn wenn man einer Partei beitritt oder einer Organisation, dann muss es dafür gewichtige Gründe geben.«

An dieses Gespräch musste ich bei der Frage »Warum bleiben Sie in der DDR?« denken. Ich antwortete genauso wie damals: »Für mich kann die Frage nur lauten: Was gibt es für dringliche, gewichtige Gründe, das Land, in dem ich geboren wurde, in dem meine Großeltern und Eltern gelebt haben, in dem meine Verwandten und Freunde leben, in dem ich die Landschaft, die Kultur und die Eigenarten der Menschen mag, zu verlassen?«

Diese Frage muss sich jeder selbst, je nach den Umständen, in denen er lebt, beantworten. Für mich jedenfalls könnten die Gründe nicht sein, Probleme zu fliehen oder fettere Weide zu suchen. Im Gegenteil, Grund genug, hierzubleiben, ist für mich schon, die christliche Gemeinde nicht zu verlassen, deren Existenz und Zeugnis in einem sozialistischen Land genauso wichtig ist wie in jedem anderen Land. In ihr, der Gemeinde, und mit ihr zu wirken und so unter anderem das Zusammenleben der Menschen in diesem Land zu fördern und mitzuhelfen, Probleme zum Wohle aller zu lösen, darum geht es mir.

Texte • Medien
Verstehen und Deuten

1 Erläutern Sie Webers Verständnis von Heimat.

2 Woran merken Sie persönlich, dass Sie sich beheimatet oder fremd fühlen?

3 Verfassen Sie Ihre persönliche Antwort auf Webers Frage: Welche »gewichtigen Gründe« sprechen dafür, die Heimat zu verlassen, welche dagegen?

4 Vergleichen Sie Webers und Ihre Gründe mit denen von Mühe, Bohley, Biermann etc. Wo sehen Sie Gemeinsamkeiten, wo Unterschiede?

Texte • Medien
Verstehen und Deuten

Bärbel Bohley

Vierzig Jahre Warten 1989

Anlässlich des 40. Jahrestages der Gründung der DDR begründet die Bürgerrechtlerin Bärbel Bohley, warum sie – anders als viele ihrer Mitbürger – der DDR nicht den Rücken kehren wollte.

Ich denke, dass wir zwei Tatsachen annehmen müssen. Die eine ist, dass es zwei deutsche Staaten gibt, und die andere, dass in der DDR nur eine unbedeutende Opposition existiert. [...] Wir haben die eigene Verantwortung für die notwendigen Veränderungen abgegeben an die jeweilige Regierung Westdeutschlands. Wir haben uns zufriedengegeben, wenn dabei wenigstens Reiseerleichterungen für Einzelne herausgekommen sind. Vierzig Jahre nach der Teilung Deutschlands in zwei deutsche Staaten muss diese Teilung akzeptiert werden, nicht nur vom Westen, auch von uns. Die Nichtakzeptanz dieser Teilung hat in unserer Gesellschaft die Bildung einer breiten Opposition verhindert. Wir waren uns des Zustands der Unmündigkeit bewusst, in dem uns unsere Regierung hält, haben ihn abgelehnt und uns still ergeben, in der Hoffnung, dass die Bundesregierung etwas für uns tun wird. Inzwischen sitzen die Regierungen gemeinsam an einem Tisch, die anerkannte verhandelt mit der von ihr nicht anerkannten, trifft Abmachungen ...

Die Regierung der DDR hat unter der Beteiligung der Bundesrepublik seit Jahrzehnten das kritische Potenzial in der Bevölkerung verkaufen können. Dies war für beide Regierungen notwendig, denn sonst wären unsere Gefängnisse brechend voll, und an der Nahtstelle der Systeme wäre es schon längst zu Unruhen gekommen, die beiden Systemen nicht gedient hätten. [...]

Wie sich das Leben hier gestalten wird, hängt auch von uns ab, und uns das zuzugestehen ist wichtig für unsere Emanzipation. [...]

Ich möchte genauso wenig Bürger eines Staates sein, der asylbeantragende Kurden in den Tod springen lässt, wie ich Bürger eines Staates sein möchte, der seine Bürger entmündigt und einsperrt. Leider gibt es nicht mehr Deutschlands, und ich musste mich für eines entscheiden. [...] Die Millionen Unentschlossenen entscheiden sich vielleicht auch für dieses Land, wenn sich die Möglichkeit für sie gibt, es so zu verändern, wie sie es wollen. Diese Möglichkeit muss von ihnen und uns erkämpft werden, sie wird uns nicht einfach gegeben werden. Und dieser Kampf darf nicht so ausgehen wie am 17. Juni 1953.

Bärbel Bohley
Malerin. 1945 in Berlin geboren. Studium an der Kunsthochschule Weißensee. Ausstellungen in der DDR und in der Bundesrepublik. Zahlreiche Impulse für die Friedens- und Demokratiebewegung, u.a. Frauen für den Frieden, Initiative Frieden und Menschenrechte und das Neue Forum. Von der Stasi verfolgt: 1983 sechs Wochen Untersuchungshaft. Januar 1988 erneut Festnahme, Abschiebung nach England. August 1988 Rückkehr nach Berlin; dort wieder als Bürgerrechtlerin aktiv.
(Aus: Hermann Vinke: Die DDR. Ravensburg 2008, S. 213)

Aber die Geschichte wiederholt sich nicht. Eine legale politische Ebene muss dem Staat abgerungen werden, auf der die Menschen sich finden können, um ihre Aktivitäten für eine Veränderung der Gesellschaft zu entfalten. Dabei ist jeder Einzelne wichtig, der sich öffentlich artikuliert und dem sich andere anschließen, denn nur gemeinsam, in Gruppen, Vereinigungen, Parteien werden wir diesen legalen Raum des Widerstands und der Auseinandersetzung gewinnen. Nur so haben wir als Individuum und als Gesellschaft eine Chance, unsere verlorene Sprache wiederzufinden und uns aus unserem knechtischen Dasein zu befreien.

Georg, 42 Jahre, Berlin
Ein Stückchen Idealismus 1989

Die Veröffentlichung »40 Jahre DDR ... und die Bürger melden sich zu Wort« versucht 1989 DDR-Bürger aus allen Schichten, Regionen und Altersstufen in Interviews über ihre Erfahrungen mit Staat und Gesellschaft zu Wort kommen zu lassen. Darin äußert sich der 42-jährige Georg, der als Architekt Gesundheits- und Sozialbauten entwirft, über das Verhältnis zu seiner Heimat.

Das ist ja [...] vielleicht [...] ein Stückchen Idealismus, der in einem drinsteckt, dass man sich gerne beheimatet fühlen will an einem Ort, und das Beheimatetsein erstreckt sich eben auch auf die Gemeinschaft, in der man lebt. Das ist ja ein bisschen mehr als nur die Familie oder nur der Arbeitskreis, das ist auch der Wunsch, in einem Gemeinwesen zu leben, wo man Freude hat an Musik, an Kultur, an Literatur und all diesen Dingen. [...]

Also, die Frage nach dem gesellschaftlichen Ort hat immer eine Rolle gespielt, auch durch die Eltern. Die Großeltern mütterlicherseits und ihre Vorfahren hatten schon immer so eine soziale Ader – sozialistische Ader fast – und mein Vater hat sich auch immer für ein sozial orientiertes System interessiert. Da waren die Erwartungen und Hoffnungen an die DDR immer groß. [...] Bei mir auch. Das macht sich jetzt noch bemerkbar bei der Frage: bleiben oder nicht bleiben? Es ist in einen eingepflanzt, dass man hier geboren ist und hier eben auch eine Aufgabe hat. Die Aufgabe ist sozial formuliert, sie ist so formuliert, dass es eine Aufgabe an Menschen mit Menschen zusammen ist.

Texte • Medien
Verstehen und Deuten

Ulrich Mühe
Wieso fährst du denn wieder zurück? 2006

In einem Interview gab der Schauspieler Ulrich Mühe 2006 dem Journalisten Gerald Praschl Auskunft über die Gründe für seine Entscheidung zu bleiben.

1 Vergleichen Sie die Motive von Mühe und Dreyman. Wo sehen Sie Gemeinsamkeiten, wo Unterschiede?

Praschl: Viele DDR-Schauspieler gingen nach Konflikten mit dem Regime in den Westen, wie Manfred Krug, Hilmar Thate, Armin Mueller-Stahl oder Jürgen Heinrich. Sie sind bis 1989 geblieben ...
Mühe: Ich hatte mir seit 1985 die Möglichkeit geschaffen, jederzeit in den Westen reisen zu können, um auch dort als Schauspieler zu arbeiten. Das war natürlich ein großes Privileg, ich gebe es zu. Immer wenn ich in West-Berlin war, hatte ich da im Hinterkopf diesen kleinen Störenfried, der mir sagte: Bleib doch einfach da! Wieso fährst du denn wieder zurück? Auf der anderen Seite war einer, der sagte: Du bist an einem tollen Theater in Ost-Berlin, bekommst dort Traum-Rollen. Deine Eltern leben da. Du hast dort deine Familie. Die DDR war meine Heimat. Und die kann man halt nicht mitnehmen. So bin ich nach jedem West-Besuch wieder nach Hause gefahren. Insbesondere die letzten Jahre in der DDR waren für mich auch eine sehr wichtige und intensive Zeit. Das Theater war doch einer der wenigen Orte im Land, in dem sich die Leute nicht belogen fühlen mussten. Ich empfand auch eine Verantwortung, dieses kostbare Gut zu bewahren.

[...]

Praschl: Sie haben die Wende-Demo am 4. November 1989 auf dem Berliner Alexanderplatz mitorganisiert, die zum Sturz der SED beitrug ...
Mühe: Korrekterweise muss man sagen: Wir haben damals für eine gewandelte DDR demonstriert und nicht für die Wiedervereinigung. Unser Anspruch war sicher vermessen. Fünf Tage später fiel die Mauer und die DDR hatte sich erledigt. Ich bin heute sehr glücklich, im vereinten Deutschland zu leben. Gott sei Dank ist dieser DDR-Irrsinn vorbei.

Ulrich Mühe liest auf der Demonstration in Berlin am 4. 11. 1989

Thomas Thieme
Freiheit, das ist eine zugige Gegend   2004

Der Schauspieler Thomas Thieme äußerte sich 2004 in einem Interview über sein Verständnis von Herkunft, Heimat und Freiheit.

Thomas Thieme, Sie spielten oder spielen erfolgreich in Hamburg und München, in Hannover und Salzburg, in Berlin und Weimar. Ein Unbehauster?
Ich bin Thüringer. Nicht nur von der Geburt her. Ich habe mit dieser Landschaft zu tun.
Seelisch?
Ja. Diese Region hat Mitte, Maß.
Klingt wie Mittelmaß.
Nein. Mittelgebirge – das schafft Zugänglichkeit. Hier muss sich keiner an etwas abarbeiten, das extrem hoch oder flach ist. Das macht freundlich, glauben Sie mir.
Nur freundlich?
Nein. Manchmal melancholisch. Man ist ja nicht immer froh darüber, dass man überall so sanft eingebettet ist.
Sie waren lange Zeit Ensemble-Schauspieler, sind es aber seit Jahren nicht mehr.
Freiheit, das ist eine zugige Gegend. Aber als es für mich so weit war, da fühlte ich mich wie ... ja, wie neugeboren.
Neugeborene sind die hilflosesten Wesen.
Bitte, wenn Sie es noch größer mögen: Machen wir aus der Neugeburt eine Auferstehung. Ich fühlte mich plötzlich sehr, sehr kräftig und unbelästigt. Nie wieder ans Schwarze Brett gucken müssen, was man als Nächstes spielt. Nicht mehr länger Urlaubsscheine ausfüllen müssen ...
Das muss man sich leisten können.
Nein, man muss nur fest der Überzeugung sein, dass man sich das leisten kann. Und man darf das wirklich nicht mehr aushalten können.
Als Nächstes sagen dann so erfolgreiche Leute wie Sie: Und Glück muss man haben.
Und Glück muss man haben. Ich hatte es. Mit den Jahren kam dann wieder die natürliche Sehnsucht nach der Truppe, denn dieser Beruf ist ein Ensemble-Beruf. Aber ich sehe kein Land, wo ich für länger ankern könnte. Der Gemeinsinn hat keinen langen Atem mehr.
[...]
Sie haben die DDR 1983 nach einem Ausreiseantrag verlassen. Zitat Thomas Thieme: »Ich bin nicht vor Repression abgehauen, sondern vor der Bevölkerung.«

Ich habe an der Selbstzensur gelitten, an dieser Behinderung durch graue, triste Atmosphäre. Immer musste man irgendein blödes Hindernis beseitigen. Im »Tell« gibt es den Satz »Wir wollen sein ein einzig Volk von Brüdern«. Der Regisseur in Halle wurde beauftragt, so zu inszenieren, dass an der Stelle keiner applaudiert. Das ist doch blöd! Irgendwann hatte ich genug.

Aber trotzdem war das keine Ausreise wegen gravierender politischer Schikane.
Nein. Alles fing ja gut an: viele Rollen, viele Getränke. Zittau/Görlitz, Magdeburg, Halle. Irgendwann wusste ich aber, es gibt nur zwei Alternativen: Berlin oder Trinkerheilanstalt. Berlin klappte nicht, Trinkerheilanstalt hätte garantiert geklappt. Da wollte ich aber ebenso wenig hin, wie ich in Halle bleiben wollte. Also musste ich raus.

Wie haben Sie drei Jahre Warten auf die Ausreise ausgehalten?
Merkwürdig: Im Grunde bin ich weich, aber wenn's Druck gibt, baue ich Muskulatur auf.

Druck auch im Westen?
Klar, in Frankfurt bei dem wunderbaren Adolf Dresen fiel die Ausrede weg: Die lassen mich nicht! Jetzt musste ich ran, musste es mir zeigen! Auch den »Besoffskis« in Halle. Nicht, dass die sich die Hände reiben: Thieme? Spielt in Kleinkleckersdorf Nebenrollen und ist wieder genauso besoffen wie wir!

Was dachten Sie, als die Mauer fiel?
Schöne Bescherung: Jetzt kommen die Arschgeigen, die ich nun überhaupt nicht vermisse. Für die Millionen anderen habe ich mich gefreut. Ich wusste: Einige würden, wie ich, sehr lange brauchen, aber dann doch merken, dass es ihnen hier auch nicht gefällt.

Sind Sie das, was man gemeinhin einen politischen Menschen nennt?
Ich verehre Ernst Thälmann.

Wie bitte?
Das ist der Reflex auf den Ansturm von Haltungslosigkeit, den ich überall erlebe.

Thomas Thieme (Mitte) in der Rolle des Ministers Bruno Hempf

Texte • Medien
Verstehen und Deuten

1 Welche Herausforderungen bringt die Entscheidung für die Freiheit – nach Thieme – mit sich? Was könnte Menschen dazu bewegen, sich gegen die Fremde (und Freiheit) zu entscheiden? Welche Kehrseiten der Freiheit lassen sich dem Interview entnehmen?

2 Was motiviert Thomas Thieme, die »zugige Gegend« der Freiheit zu suchen?

3 Erläutern Sie Thomas Thiemes Verständnis von Freiheit: Welche Aspekte des Begriffs lehnt er ab, welche sind ihm wichtig?

4 Beziehen Sie begründet Stellung: Teilen Sie Thiemes Freiheitsverständnis?

Man ist zu nichts verpflichtet?
Und deshalb erinnere ich mich an Zeiten, in denen es noch Folgen hatte, wenn man sich für eine Sache entschied. Geradlinigkeit des Gemüts, die den Zweifel nicht kennt, Geradlinigkeit, die nicht jedes Problem zu Tode debattiert – das ist eine Sehnsucht. [...]

Was Sie ansprachen, diese Geradlinigkeit, unangepasst im Gemüt bleiben zu dürfen – das ist auch ein gefährlicher Trost, Trost durch Ideologie. Freiheit wiederum macht auch viel kaputt. Weil sie zu gar nichts mehr zwingt – auch zu nichts Gutem.

In der DDR mussten wir am 1. Mai im Tross zwei Stunden gefühllos mitlatschen, ehe wir uns endlich gefühlvoll besaufen konnten. In diesem Jahr, zum 1. Mai, sind meine Freundin und ich auf den Ettersberg gefahren, zum KZ. Und vorher haben wir ein paar Rosen hingelegt, am Thälmann-Denkmal. Wir haben etwas empfunden dabei.

Freiheit – doch nicht nur eine zugige Gegend. Auch wunderbar offnes Feld. Herr Thieme, danke für dieses Gespräch.

Wolf Biermann
Solidarische Kritik 2001

Ein Jubiläum ohne Jubelei steht an: Die Ausbürgerung des Wolf Biermann im November 1976.

Für die meisten ist es Geschichte, für mich Leben. Was damals passierte, trifft mich immer noch dermaßen ins Mark, dass ich es nur mit ironischer Attitüde aushalte. [...]

Unter Ulbricht war ich 1965 verboten worden, unter Honecker änderte sich seit 1971 daran nichts, den Maulkorb des sogenannten Staatsfeindes trug ich bis zur Ausbürgerung wie eine lästige Auszeichnung. [...]

Jung war ich, und das bedeutet: Ich war noch der Alte. Ich verstand mich noch immer als den »wahren« Kommunisten gegen die »falschen«. Die hassgeliebte DDR war mir noch trotz all ihrer lebensbedrohlichen Krankheiten eine verbissene Hoffnung. Und dieses Hoffen hatte damals einen neumodischen Namen: Eurokommunismus. [...]

Ich war mir darüber im Klaren, dass ich im Westen zwei abenteuerliche Wochen lang auf einem extrem schmalen Pfad zu balancieren hatte. Ich wollte meine – wie wir es damals euphemistisch nannten – solidarische Kritik an der DDR unverblümt singen und sagen. Aber meine allerschärfsten Attacken, insbesondere auch gegen einzelne namentlich an den Pranger gestellte Parteibonzen, wollte ich ausgerechnet in der westlichen Arena nicht liefern.

Wolf Biermann während seines Auftritts in Köln 1976

Texte • Medien
Verstehen und Deuten

1 Was erwartet Biermann bis zu seiner Ausbürgerung von der DDR?

2 Erläutern Sie die Gründe für Biermanns Zerrissenheit.

3 Belegen Sie, wie sich Biermanns Zerrissenheit sprachlich in seinem Beitrag niederschlägt.

Texte · Medien
Verstehen und Deuten

Solche besonders »scharfen« Lieder hatte ich ja schon vorher im Osten an Ort und Stelle all die Jahre gesungen und massenhaft genug verbreitet, dort also, wo es auch mehr Mut brauchte als auf der anderen Seite des Eisernen Vorhangs. Es war schon immer gefährlicher, aber eben auch effektiver, gegen den Drachen im eigenen Lande zu kämpfen.

Und nebenbei die Hauptsache: Ich wollte ja ohne Wenn und Aber nicht nur zurück, sondern auch so, dass ich nicht an der Grenze einkassiert werde und gleich einem noch tieferen Loch lande als vorher und kritische Sympathisanten womöglich sagen: Selber Schuld! Konkret: Solche besonders provokanten Lieder wie: Die Stasi-Ballade […] wollte ich ausgerechnet im Westen nicht singen und habe es auch in Köln […] nicht getan. […]

So baute ich mir ein Programm, gewiss auch mit polemischen Liedern – ich sage es lieber noch einmal – aber eben nicht mit den kindlich so genannten »schlimmsten«. Und mein Kompass sollte sein: Kritische Solidarität mit der DDR. Also radikal kritisch, aber eben auch zutiefst solidarisch. Ich musste mich zu solcher Taktik gar nicht groß verrenken oder gar verstellen, denn genau das war ja auch meine innere Haltung. […]

Zwei Jahre nach der Ausbürgerung wollte ich immer noch nichts lieber, als zurück zu meinen vertrauten Freunden und Feinden. Wie Brecht in einer Anmerkung zum Galilei schrieb: »Den übertriebenen Hoffnungen folgt leicht die übertriebene Hoffnungslosigkeit.« Ich war so verzagt, dass ich glaubte, mein Leben sei nun vorbei. Weniger melodramatisch: Nur mein Leben als »Der Biermann« und Liederdichter hielt ich für beendet. […] Über die DDR, das bildete ich mir ein, hatte ich nichts mehr nachzuliefern. Was ich über dieses halbe Deutschland singen und sagen konnte, war gesagt und gesungen. Über den Westen aber hatte einer wie ich nichts zu melden. Einen panischen Abscheu hatte ich davor, von nun ab im Westen als Berufsdissident davon zu leben, dass ich immer wieder neu meine Ostwunden lecke, und zwar so, dass sie nicht zuheilen konnten. […]

Dieser Biermann da auf der Kölner Bühne griff die DDR gewiss radikaler an als alle wohlerzogenen Politiker des Westens, aber im gleichen Atemzug verteidigte er sie mit einer bolschewistischen Nibelungentreue, die schon was rührend Lächerliches hatte. So zerrissen dachte ich damals. Und nicht nur ich. In Ostberlin die meisten meiner Freunde unter den Kollegen, wie der tapferironische Jurek Becker und der sanftsarkastische Heiner Müller oder der zerbrechliche Kraft-durch-Kummer-Poet Volker Braun, damals vielleicht auch noch der kreuzfidele Pessimist Günter Kunert und bestimmt sogar der hochfahrende Eliteliterat Stephan Hermlin und die tapferfeige Christa Wolf, der kecke Angsthase Stefan Heym und der unverwüstliche Robert Havemann sowieso – sie alle, dermaßen verschiedene Charaktere! – sie dachten und fühlten zu dieser Zeit im Grunde sehr ähnlich.

4 Vergleichen Sie die Situation von Biermann und Dreyman. Wo sehen Sie Gemeinsamkeiten, wo Unterschiede?

5 Sammeln Sie die Motive der fiktiven und realen Personen und ordnen Sie sie entsprechend ihrer Gewichtung. Welche finden Sie persönlich nachvollziehbar, welche nicht?

6 Stellen Sie Ihre Anordnung im Plenum zur Diskussion.

7 Verfassen Sie ein Streitgespräch, bei dem sich Biermann, Bohley, Mühe etc. mit der Frage auseinandersetzen, ob es moralisch richtig oder falsch gewesen ist, die DDR zu verlassen. Wo bestehen Gemeinsamkeiten, wo Differenzen, an welchen Punkten könnte die Diskussion eskalieren?

Filmkritik

Texte . **Medien**
Wirkung

Alexandra Wach
Das Leben der anderen 2006

Es ist das große Verdienst des herausragenden Debüts von Florian Henckel von Donnersmarck, dass er den Unrechtsstaat DDR nicht mit den Mitteln der Groteske der Lächerlichkeit preisgibt und wie einen längst vergangenen surrealen Albtraum ad acta legt. Die Ernsthaftigkeit, mit der von Donnersmarck die Kontrollmechanismen des Stasi-Überwachungsstaats beleuchtet, war wohl der Grund dafür, dass er bei seinem ersten Langfilm ein ganzes Ensemble renommierter deutscher Schauspieler – von Ulrich Mühe über Sebastian Koch und Martina Gedeck bis zu Ulrich Tukur – für das Projekt gewinnen konnte, für das er fünf Jahre lang recherchierte.

Thomas Brussig
Klaviatur des Sadismus:
Die DDR in »Das Leben der anderen« 2006

Dass Stasileute ihre Opfer beschützten, können wir getrost als Kinomärchen abtun. […] Vermutlich wird sich die Empörung über die Kinolüge, die Florian Henckel von Donnersmarck mit seinem Film in die Welt setzt, in Grenzen halten. Sofern sie überhaupt als solche auffällt. Denn sein Film ist in den Details so realistisch, dass man wie von selbst glaubt, er beruhe auf Tatsachen. Es gibt zum Beispiel ein Telefonat, bei dem ich mir nicht sicher bin, ob da ein Mielke-Imitator am Werke ist oder ob der Regisseur die Mielke-Mitschnitte so sorgfältig gesichtet hat, dass sich daraus dieser Anruf montieren ließ.

»Das Leben der anderen« strotzt vor großartigen Szenen. Drei Beispiele: Vorlesung an einer Stasi-Hochschule. Ein Dozent erläutert die Methoden der Stasi anhand des Tonbandmitschnitts einer realen Vernehmung, die mehr als 40 Stunden dauerte. Diese Vernehmungsmethode ist äußerst effektiv, verbietet aber jegliches Erbarmen mit dem Opfer. Den Studenten dämmert, dass sie bald selbst solche Vernehmungen zu führen haben. Einer von ihnen fragt mit einem mulmigen Gefühl, ob solche Vernehmungen denn mit dem Humanismus vereinbar seien. Dafür gibt es erst ein heimliches Häkchen hinter dem Namen und dann eine klassenmäßige Antwort. In einer späteren Szene ist ein Stasi-Unbedeutling so dämlich, in der Kantine einen politischen Witz zu erzählen, während ein Oberst am Nebentisch

Thomas Brussig, geboren 1965 in Berlin (Ost), schloss eine Lehre als Baufacharbeiter ab, bevor er Abitur machte und sich mit verschiedenen Jobs durchs Leben schlug (u. a. als Museumspförtner und Tellerwäscher). Seit 1995 arbeitet er als freier Schriftsteller. Als Autor der bekannten Romane »Helden wie wir« (1995) und »Am kürzeren Ende der Sonnenallee« (1999), die beide verfilmt wurden, äußerte er sich zur Darstellung der DDR in »Das Leben der anderen« in der »Süddeutschen Zeitung« am 21. März 2006.

Texte · Medien
Wirkung

1 Fassen Sie den Kern von Brussigs Bewertung des Films in Ihren eigenen Worten zusammen.

2 Mit welchen Argumenten stützt Brussig die besondere Qualität des Films? Benennen Sie Thesen, Begründungen und Belege.

Thomas Brussig

sitzt. Der fühlt sich herausgefordert und spielt nun im Stile einer Fingerübung auf der gesamten sadistischen Klaviatur des Drohens und Vergebens.

Mein Favorit ist aber der Auftritt des Stasi-Schriftexperten. Die Szene benutzt folgenden Hintergrund: Wer in der DDR eine Schreibmaschine kaufte, musste den Personalausweis vorlegen. Jede Schreibmaschine hatte eine Nummer, noch im Werk wurde von jeder einzelnen Schreibmaschine im Auftrag der Stasi eine Schriftprobe entnommen, so individuell wie ein Fingerabdruck. Kursierte subversives Gedankengut und war getippt, konnte über Schriftprobenvergleiche und Gerätenummer der Besitzer der Schreibmaschine identifiziert werden. So weit, so absurd.

Nun kommt der Film an einen Punkt, wo tatsächlich der Urheber eines unbotmäßigen Pamphlets mittels Schreibmaschinen-Schriftprobenvergleichen ermittelt werden soll. So wird nach dem Schreibmaschinenexperten gerufen. Sein Auftritt ist ein wahres Kabinettstückchen: Er weiß alles über Schreibmaschinen, rattert sein Fachidiotentum runter, beantwortet jede Frage wie aus der Pistole geschossen – um am Ende doch nur zu sagen, dass die Schreibmaschine nicht in der DDR verkauft wurde. Der Abgang des Schriftexperten, als er seine klapprige Staffelei durch verwinkelte Türen bugsieren muss, war den Filmemachern eine Extra-Einstellung wert. Darf man über die Stasi lachen? Nee, aber manchmal muss man.

Die ganze Armseligkeit der DDR zeigt »Das Leben der anderen« immer wieder in jeglichen Formen von Leere: ein fast leerer Hörsaal, eine fast leere Kantine, eine fast leere Kneipe, die fast leere Wohnung des Stasi-Hauptmannes – und wenn nachts nur ein einsames Fahrzeug auf der sechsspurigen Magistrale unterwegs ist, dann ist es nur folgerichtig, dass tagsüber keine Autos am Straßenrand parken ... Nur in der Wohnung des Schriftstellers Georg Dreyman wohnt Opulenz.

Dass diese formale Strenge nicht manieriert wirkt, liegt vermutlich an den Schauspielern. Sebastian Koch als Schriftsteller Georg Dreyman, Martina Gedeck als seine Lebensgefährtin; Thomas Thieme spielt den Kulturminister, als sei er Fleischereiminister, Ulrich Mühe gibt einen Stasi-Hauptmann, dem jeder Zuschauer in die Beurteilung schreiben würde, er gehe seinem Beruf »mit Umsicht und Initiative nach«. Weil aber auch die Nebenrollen so gut funktionieren, wird sich Florian Henckel von Donnersmarck die Frage gefallen lassen müssen: »Woher wissen Sie das alles?« Sein Film ist so authentisch, dass man es gar nicht glauben mag, dass der Regisseur im Westen und in den Siebzigern geboren wurde. Ganz bestimmt hat er neben jeder Menge Neugier und Interesse auch die Fähigkeit, seinen Beratern gut zuzuhören. [...]

Die jüngste deutsche Geschichte bietet reichlich Stoff, und das Unterhaltungskino sollte sich souverän daraus bedienen. Das tut »Das Leben der anderen«, und auch deshalb sollten wir froh sein, dass es diesen Film gibt. [...] Lässt er noch Wünsche offen? Bei mir nur einen: Er lässt Spielraum für die verbreitete Auffassung, in der DDR hätten stolze, freie Menschen gelebt, die nur durch die Stasi und die

Verbreitung nackter Angst niedergehalten wurden. Dabei waren die Katzbuckelei, das beflissene Mitmachen und der bürgerliche Gehorsam so verbreitet, dass sich die Stasi so manches Mal ihre Fälle im Stile einer Arbeitsbeschaffungsmaßnahme gleichsam erfinden musste, um überhaupt noch etwas zu tun zu haben. (Sehr lesenswert: Joerg Waehners Tagebuch »Ein Strich, kein Strich«, das jüngst bei KiWi erschienen ist.)

Aber wie soll man alles in einen Film packen können? Ein Film ist schließlich kein Roman, und vielleicht kommt die DDR jetzt nochmal verstärkt ins Kino. Das ist leichter und schwieriger zugleich: leichter, weil wir uns nun vorstellen können, einen realistischen DDR-Film auch mal freiwillig zu sehen, und schwieriger, weil mit »Das Leben der anderen« Standards gesetzt sind, hinter die wir nicht mehr zurück wollen.

Wolf Biermann
Die Gespenster treten aus dem Schatten 2006

Es gibt immer mehr Westmenschen in Deutschland, die dilettieren in der Rolle des edlen Zauderers. Beim Streitgespräch um die Verwicklungen von Ostmenschen in die Verbrechen des DDR-Regimes halten sie lieber lebensklug den Mund. Aus solchem beredten Schweigen höre ich dann einen verballhornten Hamlet-Monolog heraus: »… Sein oder Nichtsein … Nein: … mische ich mich ein – oder mische ich mich lieber nicht ein … das ist hier die Frage. Ob's edler ist im Gemüt, über die Stasi-Troubles der Ossis dumpf zu schweigen oder sich ins Getümmel der Maulschlachten zu werfen … Nein! Ich bin ein Wessi. Wer solche Unterdrückung selbst nicht durchlitten und mitgemacht hat, der kann eigentlich gar nicht mitreden und sollte also auch nicht rechten. Unsereins lebte ja nie unter solchem Druck einer Diktatur. Ich will mich also nicht moralistisch aufblasen, will lieber bescheiden zugeben, dass ich auch nur ein kleiner Mensch bin, mit Ängsten und Schwächen. Ob ich in der DDR mutiger gewesen wäre oder feige, ob ich womöglich ein Alles-Mitmacher hätte werden können oder wenigstens ein vorsichtiger Verweigerer, oder ob ich sogar den Widerstand gewagt hätte gegen das Regime – das kann ich nicht sagen. Und deshalb möchte ich all diese Dinge lieber gar nicht beurteilen, geschweige denn Menschen verurteilen, die – wer weiß – nur Mitläufer waren, oder in gutem Glauben an eine gute Sache mit den Organen der Staatssicherheit zusammengearbeitet haben oder einfach aus Unwissenheit oder Angst, selbst tief unglücklich, andere ins Unglück brachten. Ich halte mich da raus. Ich danke dem Schicksal, dass ich niemanden denunzieren und bespitzeln und quälen musste, bin froh, dass ich solchen Prüfungen niemals ausgesetzt war. Zum Glück ist ja nun alles vorbei und nur noch Geschichte.«

Wolf Biermann

Diese betrügerische Bankrotterklärung hört man immer öfter. Aber solch eine lumpenhafte Bescheidenheit ist nichts als die feige Flucht in das, was Immanuel Kant eine »selbstverschuldete Unmündigkeit« nennt. Wer von sich selber sagt: Wer weiß, ob ich nicht auch ein Schwein geworden wäre, der stellt sich vorsorglich einen Persilschein aus für Schweinereien. Egal wie man sich damals selbst verhalten hätte in solchen Nöten und Ängsten, es geht heute und hier nur darum, das Elend der anderen nicht zu leugnen oder zu verharmlosen.

Vor zwei Monaten saß ich am Ostberliner Kollwitz-Platz im Prenzlauer Berg mit fünf Freunden zusammen. Marianne Birthler zeigte uns eine Voraus-DVD mit einem Film von einem unbekannten jungen Regisseur über die DDR: »Das Leben der anderen«. Wir, die wir uns am Fernseher den neuen Film anschauten, waren oppositionelle DDR-Bürger, manche von uns schmerzgeprüfte Knastkenner des Regimes. Als ich den Namen des jungen Regisseurs las, fiel mir ein, dass dieser Florian Henckel von Donnersmarck mir vor vielleicht zwei Jahren seinen Entwurf für einen Film über die DDR-Staatssicherheit geschickt hatte. Ich durchblätterte damals genervt das Filmskript. Ich wollte mit solch einem Projekt nichts zu tun haben. Ich war mir sicher, dass dieser Anfänger, dieser naive Knabe mit der Gnade einer späten Hochwohlgeborenheit im Westen nie und nimmer solch einen DDR-Stoff bewältigen kann, weder politisch noch künstlerisch.

Als wir den Film auf der DVD-Scheibe nach gut zwei Stunden gesehen hatten, war ich verblüfft, verwirrt, war angenehm enttäuscht und vorsichtig begeistert. Es entspann sich eine heftige Streitdiskussion. Zwei der versammelten Freunde dort fanden den Film voller Fehler im Detail. Nie und nimmer habe ein Kulturminister so viel Einfluss auf den Stasi-Apparat gehabt wie hier vorgespielt. Schließlich sei das MfS strikt und treu ergeben das gewesen, was es sein sollte und auch sein wollte: »Schild und Schwert der Partei« – nicht mehr, nicht weniger. Ein Oberstleutnant in Mielkes Firma hätte sich doch nie und nimmer von irgendeinem Genossen Minister auf Trab bringen lassen! Die Entscheidungen wurden immer in der Parteiführung getroffen, der Staat war nur das ausführende Organ. Schon gar nicht ließ die Stasi sich als Machtinstrument von einem Kulturfunktionär zweckentfremden, nur weil dieser schlappe Knabe so altersscharf ist auf eine populäre DDR-Schauspielerin, die mit ihrem erfolgreich aufstrebenden DDR-Dramatiker lebt.

Und noch eine Ungenauigkeit: Dieser junge Schriftsteller sei doch im Film eher als ein systemkonformer Literat dargestellt. Dermaßen operativ bearbeitet, bespitzelt, abgehört und verfolgt wurden doch bevorzugt die wirklich oppositionellen Schriftsteller. Und und und! Und nie und nimmer hätten doch junge angehende Offiziere des MfS beim Unterricht an ihrer Hochschule sich im Hörsaal in Zivil rumgelümmelt! Diese und andere Details seien eben leider falsch. Und! und! und überhaupt verharmlose der Film die totalitäre Wirklichkeit.

Ich gehörte zu denen in unserer verfreundeten Expertenrunde, die solche Unschärfen in diesem Spielfilm für nebensächlich hielten. Die Grundgeschichte

Texte • **Medien**
Wirkung

in »Das Leben der anderen« ist verrückt und wahr und schön – soll heißen: ganz schön traurig. Der politische Sound ist authentisch, der Plot hat mich bewegt. Aber warum? Vielleicht war ich einfach sentimental bestochen, weil verführerisch viele Details aussehen, als wären sie aus meiner eigenen Geschichte zwischen dem totalen Verbot 1965 und der Ausbürgerung 1976 abgekupfert. Also bleiben Unsicherheit und Misstrauen: Wenn es solche Saulus-Paulus-Wandlungen bei Stasi-offizieren wirklich gegeben haben sollte, wo waren dann solche edlen Exemplare nach der Wende? Kein Einziger hat sich öffentlich oder privat bei mir oder meinen »zersetzten« Freunden erklärt, geschweige denn für eine Schuld sich entschuldigt, die nur die Zuschauer in den Ost- und West-Logen der geschichtlichen Kampf-arena flott entschulden können.

Wenn ich dieses Kino mit den Augen meines toten Freundes Jürgen Fuchs betrachte, fällt mir natürlich auf, dass es in der Untersuchungshaftanstalt Hohenschönhausen noch viel härter zuging als in diesem Film. Der sanftmütige Jürgen Fuchs hätte in unserer kleinen Runde einen Wutanfall gekriegt. Er hätte wahrscheinlich gesagt: »Jetzt werden die Schergen der Diktatur auch noch vermenschelt! Das alltägliche DDR-Leben war brutaler, war grauer und grauenhafter. Werden jetzt die Stasi-Verbrecher wie Mielke und Markus Wolf historisch weichgewaschen, etwa wie der arme Mensch Adolf in den letzten Tagen im Führerbunker unter der Reichskanzlei?«

Ich kann nicht wissen, ob die wunderbare Wandlung des Stasi-Hauptmanns eine Geschichtslüge ist oder ein künstlerisches Understatement. Wir sind alle wie süchtig nach Beweisen für die Fähigkeit der Menschen, sich zum Guten zu verändern. [...]

Aber zurück zu unserem Film »Das Leben der anderen«. Das ist die Story: Ein professioneller Menschen-Zersetzer, ein verbohrter »Kämpfer an der unsichtbaren Front« wird selber zersetzt. [...] Er geht im allerschönsten Sinn kaputt beim professionellen Kaputtmachen, und das ist die märchenhafte Variation einer *deformation professionelle*. [...]

Mir konnte dieser Film etwas vermitteln, was ich mir niemals »in echt« hatte vorstellen können.

In den Zehntausenden Seiten meiner Stasi-Akten fanden sich etwa 215 (in Worten: zweihundertundfünfzehn) Decknamen dieser und jener Inoffiziellen Mitarbeiter, vulgo: Spitzel, viele dieser Gesichter kenne ich natürlich. In den Dokumenten finden sich aber auch die bürgerlichen Klar-Namen etlicher offizieller Mitarbeiter, alles Offiziere, also höhere Schreibtischtäter, etwa die der Genossen Reuter und Lohr, also Gestalten wie in dem Film. Solch gesichtslosen Kanaillen leiht das Kunstwerk die Gesichtszüge der Schauspieler aus, in denen ich nun lesen kann. Lohr und Reuter waren jahrelang im Zentralen Operativen Vorgang (ZOV) »Lyriker« damit beschäftigt, mich – so chemisch klingt der *terminus technicus* im Stasijargon – systematisch zu »zersetzen«. Zwei von den etwa 20 Maßnahmen

1 Sammeln Sie Gründe, die dagegen sprechen könnten, dass »Westmenschen« Stellung beziehen zu den Verstrickungen von »Ostmenschen« in die Verbrechen des DDR-Regimes. Gehen Sie in diesem Zusammenhang auch auf Biermanns frühere Zweifel ein, dass »dieser naive Knabe mit der Gnade einer späten Hochwohlgeborenheit im Westen [...] solch einen DDR-Stoff bewältigen kann«.

2 Welche Gründe sprechen laut Biermann dafür?

Texte · Medien
Wirkung

3 Gewichten Sie die Pro- und Kontra-Argumente aus den Aufgaben 1 und 2 auf S. 59. Welche finden Sie am überzeugendsten? Verfassen Sie eine persönliche Stellungnahme zu der Frage, ob bzw. inwiefern Außenstehende in der Lage sind, die Verstrickungen von »Ostmenschen« in die Verbrechen der DDR zu be- und verurteilen.

4 Erläutern Sie in Ihren eigenen Worten, inwiefern der Film Biermann »etwas vermitteln [konnte], was ich mir niemals ›in echt‹ hatte vorstellen können«.

5 Biermann bezeichnet den Film als ein »realistisches Sittenbild der DDR«. Erläutern Sie Biermanns Verständnis dieses Ausdrucks. Beziehen Sie auch die Argumente von Biermanns Diskussionspartnern in Ihre Überlegungen ein.

stehen so da, mit beiden Stasi-Zeigefingern auf der Dienstschreibmaschine in die lange Liste getippt: »Zerstörung aller Liebes- und Freundschaftsbeziehungen«. Eine andere: »Falsche medizinische Behandlung«.

Ich habe bis heute nie den Versuch gemacht, einen von diesen hochrangigen Verbrechern nach dem Zusammenbruch der DDR in Zivil Auge in Auge kennenzulernen. Diese finsteren Lichtgestalten leben ja fast alle noch, und sie beziehen inzwischen eine Rente oder Pension als Beamte der wiedervereinigten Bundesrepublik Deutschland. Und es ist klar, dass kaum einer von diesen Tätern seinen Opfern je verziehen hat. Und schon gar nicht suchen diese dermaßen kommod davongekommenen Ober-Büttel des DDR-Regimes die Aussprache mit den Menschen, die sie jahrzehntelang systematisch verfolgt haben.

In diesem Film nun sah ich, freilich als Kunstfigur verfremdet, zum ersten Mal solche Phantome als lebendige Menschen, also auch in ihrem inneren Widerspruch. Die Gespenster treten aus dem Schatten. Manchmal hat das Kunstwerk mehr dokumentarische Beweiskraft als die Dokumente, deren Wahrheit angezweifelt wird – von den Tätern sowieso, aber schmerzhafter noch von den bald schon gelangweilten Zuschauern. […] So erfahren die schablonenhaften Bösewichte meines Lebens endlich eine lebensechte Konkretion, bei der ich erkennen kann, wie sogar in jedem verwüsteten Menschenantlitz alle Farben zwischen Schwarz und Weiß aufleuchten. […]

Ich komme aus dem Staunen gar nicht raus, dass solch ein westlich gewachsener Regie-Neuling wie Donnersmarck mit ein paar arrivierten Schauspielern in den Hauptrollen ein dermaßen realistisches Sittenbild der DDR mit einer wahrscheinlich frei erfundenen Story abliefern konnte. Er hat ja alles das nicht selber erlebt! Und trotzdem kann solch ein junger Mann mitreden! Dieser Westler kann offensichtlich sehr wohl urteilen und auch verurteilen, er kann nicht nur mitreden, sondern sogar aufklären. Er braucht keinen deutsch-deutschen Persilschein.

Jedes Leben, auch das sogenannt leichte, das wohlbehütete, schärft den Blick. Auch eine konfliktärmere Vita liefert etwa einem wohlbehüteten Kind aus gutem Hause alles, was es braucht, um zu wissen, was Elend ist, was krumm und was grade. Wir wissen im dunkelsten Herzensgrund alle, was Kummer und Glückseligkeiten sind, was Verrat und Feigheit bedeuten, was Redlichkeit und Tapferkeit.

Deswegen gelang es dem Regisseur auch ohne die schmerzhafte Lehre einer DDR-Sozialisation, das Lebensgefühl der Untertanen in einer kafkaesken Diktatur zu vermitteln. Florian Henckel von Donnersmarck zeigt uns, wie verrückt und kompliziert das Gute und das Böse in einer Menschenbrust sich vermischen und heillos sich aneinander verwirren. Das Verwirrendste an den Schweinehunden sind ihre menschlichen Züge. Aber trotz aller komplizierten Kompliziertheit in menschlichen Dingen gilt dennoch das, was Gottvater in der Bibel von allen seinen irdischen Kindern verlangt: »Eure Rede aber sei Ja-ja, Nein-nein.«

Von wegen: Vorbei! Wir tragen es offenbar vererbt tief in unseren Seele-Genen: Nichts ist ganz vorbei. Und nichts ist nur noch Geschichte.

Viele Leute in Ost und West haben die Diskussionen über Stasi und DDR-Diktatur schon satt, unter uns gesagt: ich schon lange. Mir reichen meine Stasi-Ballade von 1966, meine Pasquille auf die verdorbenen Greise im Politbüro und meine polemischen Essays nach dem Zusammenbruch der DDR. Aber ich traue mir in diesem Punkte nicht. Der Film des Debütanten bringt mich auf den Verdacht, dass die wirklich tiefere Aufarbeitung der zweiten Diktatur in Deutschland erst beginnt.

Womöglich machen es jetzt besser die, die all das Elend nicht selbst erlitten haben.

Andreas Kilb
Verschwörung der Hörer 2006

Seit der Maueröffnung hat es mehrere Versuche gegeben, den Alltag des Überwachungsstaats filmisch zu beschreiben. In Margarethe von Trottas »Das Versprechen« zerbricht ein Pfarrer, eine Randfigur, an den Schikanen der DDR-Organe. In »Helden wie wir«, nach dem Roman von Thomas Brussig, spielt die Stasi eine slapstickhafte Nebenrolle. Auch in Leander Haußmanns »Sonnenallee« und Wolfgang Beckers »Good Bye, Lenin!« ist von IMs und Spitzeln die Rede, ohne dass der Frohsinn der Filme darunter litte. Erst mit »Das Leben der anderen« rückt das Treiben der Staatssicherheit ins Zentrum des Spielfilms. Damit ist nicht bloß ein Thema entdeckt, damit ist die DDR selbst entdeckt: als Land, in dem Hören und Sehen vergeht. Wo jedes Wort mitgehört, jeder Schritt überwacht wird, gibt es am Ende keine Wirklichkeit mehr, nur noch Matrizen und Protokolle. Dieses Unwirkliche ist den leeren Straßen, den grauen Fassaden und ungesättigten Farben in »Das Leben der anderen« eingeschrieben. [...]

»Das Leben der anderen« hätte an moralischem Übereifer scheitern können. Aber der Film lässt sich Zeit, er beobachtet geduldig, wie die Konstellation, die er selbst aufgebaut hat, kippt, und fädelt dann die Katastrophe ein. Zu dieser Geduld gehört eine Herzenskälte, die bei Debütanten selten und bei lebensgeschichtlich Betroffenen noch seltener ist. Vielleicht ist es daher kein Zufall, dass von Donnersmarck aus Westdeutschland kommt, dass er in Berlin, Frankfurt und New York aufgewachsen ist. Ein ostdeutscher Regisseur wäre vermutlich weniger unschuldig und weniger neugierig an den Stoff herangegangen. Von Donnersmarck dagegen hat seinen Film wie ein Historiker recherchiert. »Das Leben der anderen« gräbt die DDR aus und begräbt sie zugleich. [...] Die DDR hat diesen Film nicht nur inspiriert. Sie hat ihn verdient.

1 Inwiefern unterscheidet sich Andreas Kilbs Rezension von den übrigen? Charakterisieren Sie Kilbs Beitrag unter besonderer Beachtung des Schlusses.

Texte . Medien
Wirkung

Evelyn Finger
Die Bekehrung 2006

1 Erläutern Sie, inwiefern sich »Das Leben der anderen« aus Fingers Sicht von konkurrierenden Filmen abhebt. Sammeln Sie Belege.

2 Sammeln Sie Beispiele für die von Finger angesprochenen »Herrschaftsmechanismen der Diktatur« und erläutern Sie deren Wirkung.

Ulrich Mühe spielt die Hauptrolle im bisher besten Nachwende-Film über die DDR: »Das Leben der anderen« ist politischer als »Sonnenallee«, philosophischer als »Good Bye, Lenin!«, sarkastischer als »Berlin is in Germany« – eine Kinonovelle, die deprimierende Einsichten in die Herrschaftsmechanismen der Diktatur gewährt. Regisseur und Drehbuchautor Florian Henckel von Donnersmarck erzählt darin die Bekehrung eines überzeugten Stasi-Spitzels durch den Kontakt mit jenen Künstlern, die er überwachen soll. Es ist die tragikomische Komplementärgeschichte zum gängigen IM-Skandal vom Künstler, der sich durch die Staatsmacht hat korrumpieren lassen. Als Wiesler merkt, dass die Mächtigen die eigentlichen Verräter an der »sozialistischen Sache« sind, fängt er an, seine harmlosen Überwachungsobjekte, die sich unterm Druck des Systems in Dissidenten verwandeln, zu beschützen. Wieslers Läuterung ist jedoch nicht versöhnlich gemeint. Im Gegenteil. »Das Leben der anderen« schildert mit peinigender Detailgenauigkeit den destruktiven Charakter des Staatssozialismus und zeigt, warum die DDR von Anfang an zum Scheitern verurteilt war. Weil man eine bessere Welt nicht erzwingen kann. Weil das Gute, wo es dekretiert wird, sich in sein Gegenteil verkehrt. Und weil die Diktatur ihre Feinde selbst erzeugt. Wie Heiner Müller in »Wolokolamsker Chaussee« formulierte: »Der Staat ist eine Mühle die muss mahlen / Der Staat braucht Feinde wie die Mühle Korn braucht / Der Staat der keinen Feind hat ist kein Staat mehr / Ein Königreich für einen Staatsfeind.«

Anfangs speist Hauptmann Wiesler unermüdlich Korn in diese Mühle. Er mäht die Feinde mit dem Schwert der psychologischen Kriegsführung und drischt sie nach den Regeln der marxistisch-leninistischen Dialektik. Wenn ein Untersuchungshäftling seine Unschuld beteuert, wertet Wiesler das als Schuldbeweis, weil schon die Behauptung, dass die DDR unschuldige Bürger verhöre, ein Vergehen sei. Wiesler ist der oberste Zyniker der Stasi, denn er wird getrieben von ehrlichem Hass. Er ist auf eine schlimme Weise besser als seine korrupten Vorgesetzten: der karrieregeile Oberstleutnant oder der absolutistisch herrschende Minister. Nachdem Wiesler einmal beschlossen hat, den Dichter Georg Dreyman des Verrats zu überführen, wühlt er bedenkenlos in dessen Alltag. Mit unbewegter Miene macht er sich an die Zerstörung einer Existenz: verwanzt die Wohnung, beschattet die Geliebte, richtet auf dem Dachboden eine Abhörzentrale ein. Doch dort oben, in der muffigen Düsternis der Konspiration, umgeben von Lämpchen und Telefondrähten, kommt ihm allmählich die Lauterkeit seiner Feinde zu Bewusstsein und auch das Perverse seiner Spitzelei.

Ulrich Mühe spielt den Tschekisten mit Humor und einem großen Ernst, der auch den Charme des Drehbuchs ausmacht. Es enthält kuriose Episoden und ist doch in allen Punkten penibel recherchiert. Es steckt voller Pointen und besticht zugleich durch unerbittliche Nüchternheit in der Analyse. […] Donnersmarck hat den Mut, mit unseren Klischees von der Gesinnungsdiktatur zu spielen. So inszeniert er eine spätsozialistische Schwermutshöhle wie aus dem Bilderbuch: graubraune Amtsstuben, blaugraue Verhörräume, Künstlerwohnungen mit knarzenden Dielen und durchgesessenen Sofas. Hier gibt es Bonzen, die auf Premierenfeiern Stalin zitieren und dazu Buletten fressen. Hier gibt es Theaterleute mit Berufsverbot, die sich in Brechts Gedichte vergraben. Renitente Journalisten mit Lederjacke. Starschauspielerinnen mit Russenschapka. Nur Wiesler passt nicht ganz hierher. Oft wirkt er wie ein melancholischer Mister Spock, der sich ins DDR-Milieu der Achtziger verirrt hat und dort eine rätselhafte Mission erfüllt.

Donnersmarck will keinen Realismus, sondern einen metaphorischen Hyperrealismus. Er inszeniert kein Rätselspiel für Dabeigewesene, sondern eine Parabel über die Unmöglichkeit, sich vor den politischen Verhältnissen in einer Nische der Wohlanständigkeit zu verschanzen. Ulrich Mühe spielt lakonisch, wie ausgerechnet Wiesler sich in diese Nische zu verkriechen sucht. Es ist der Tag, als Dreyman, erschüttert vom Selbstmord seines besten Freundes, am Klavier sitzt, um die »Sonate vom Guten Menschen« zu spielen. Der Klageton rührt auch Wiesler, der auf dem Dachboden hockt, die Kopfhörer über den Ohren, und von Mitgefühl übermannt wird. Die Erhabenheit der Musik und die Unüberwindlichkeit von Dreymans Schmerz bewegen ihn, besser sein zu wollen, als er bisher war. Wiesler beginnt seine Berichte fürs MfS zu fälschen und vertuscht, dass Dreyman ein staatsfeindliches Pamphlet schreibt. Komischer kann man den Überwachungswahn der Stasi nicht persiflieren als Wiesler, der ein linientreues Stück zum 40. Jahrestag der DDR erfindet, das der ahnungslose Dreyman später in seiner Stasi-Akte findet …

Am Ende lässt Donnersmarck den Versuch der Solidarisierung jedoch scheitern. Indem er die Diktatur als unentrinnbar schildert, widerlegt er den verbreiteten Irrtum, man hätte sich in der DDR so leichthin für das Gute entscheiden können wie im Westen für das richtige Auto. Das Gute, zu dem sich Wiesler durchringt, führt ja in die Katastrophe. Den Mut, den Dreyman fasst, muss ein Unschuldiger mit dem Leben bezahlen. Auch das ist Unfreiheit: dass die Folgen des Handelns für den Handelnden nicht absehbar sind. Unterstützt von einem Ensemble grandioser Schauspieler, gelingt dem Regisseur ein Drama über das Dilemma der Rebellion. […] Donnersmarck zeigt auch, wie viel Elend von den Launen der Partei abhing, von den privaten Obsessionen einzelner ZK-Mitglieder – dass Repression also nicht allein das Geschäft der Stasi war. Wie kein Spielfilm zuvor polemisiert »Das Leben der anderen« gegen eine symbolische Aufarbeitung der DDR-Geschichte anhand der Stasi-Akten, gegen die Fixierung auf fragwürdige Quellen. […]

Texte . Medien
Wirkung

3 Wie realistisch ist nach Finger die Darstellung des Lebens in der DDR im Film? Erläutern Sie Fingers Position mit Textbelegen.

4 Benennen Sie die moralischen und politischen Lehren, die der Zuschauer dem Film laut Finger entnehmen kann. Teilen Sie ihr Verständnis des Films?

5 Vergleichen Sie »Das Leben der anderen« mit den Filmen »Sonnenallee« und »Good Bye, Lenin!« auf der Basis ausgewählter Ausschnitte. Präsentieren Sie diese Ausschnitte im Plenum und erläutern Sie, wo Sie Gemeinsamkeiten und Unterschiede in der Darstellung der DDR sehen.

»Das Leben der anderen« – ein Spiegel der historischen Realität?

Ulrich Mühe
Für diese Zeit habe ich ein Empfinden 2005

Der Darsteller des Stasi-Hauptmanns Gerd Wiesler, Ulrich Mühe, äußerte sich 2005 in einem Gespräch unter anderem zum Realitätsgehalt der Filmhandlung in »Das Leben der anderen«.

1 Wie begründet Mühe seine Einschätzung der historischen Glaubwürdigkeit der filmisch dargestellten Wirklichkeit?

2 Ziehen Sie zur Einschätzung von Mühes Erfahrungshintergrund weitere Informationen aus seinem Interview im Filmbuch (S. 182–200) hinzu.

Ulrich Mühe: [...] Es hat ja schon viele Versuche gegeben, die DDR-Realität einzufangen und nachzuorganisieren, auch das Stasi-Thema. Ich habe gerade in den 90er-Jahren viele Drehbücher zu diesem Thema gelesen. Aber es war alles immer zu kurz gefasst, immer zu kurz gesprungen. Viel wirklich ärgerlicher Mist dabei, der dann auch zum größten Teil nie umgesetzt wurde. Und plötzlich war da ein Buch, wo sich alles richtig anfühlte, wo ich während des Lesens nicht einmal die Stirn in Falten legen und sagen musste: »Das ist jetzt aber übertrieben.« Ich war selber nicht bei der Stasi, daher weiß ich natürlich über technische Details nicht bis ins Letzte Bescheid, aber für diese Zeit habe ich ein Empfinden, weil ich in ihr gelebt habe, unter genau den Menschen, um die es in dem Film geht. Und die waren sehr authentisch und einfühlsam geschildert, in ihrer Beziehung zueinander, zur Kunst, zum Staat, zur Stasi. Ich hielt es für wichtig, dass dieser Film gemacht wird. [...]

Christoph Hochhäusler: Haben Sie sich auf den Film und auf die Rolle besonders vorbereitet oder sich mehr auf die eigene Erfahrung verlassen?

Ulrich Mühe: Ich habe eigentlich nur in mich hineingehört. Allerdings bin ich kein Opfer von Stasi- oder DDR-Willkür gewesen. Da gibt es ganz andere Leute, die mit einem ganz anderen Zorn und mit ganz anderer Berechtigung darüber reden können. Ich bin in der DDR aufgewachsen und durfte dort sogar das machen, was ich wollte: Ich wollte immer Schauspieler werden und konnte das an sehr prominenter Stelle. Ich wusste aber wie alle anderen, dass es sehr viele Leute gab, die für die Staatssicherheit arbeiteten, und dass in jedem Betrieb und jeder Einrichtung ein Stasi-Offizier mit dabei war. Wir wussten, dass sie uns beobachteten, dass sie zuhörten, dass sie versuchten, auf Partys zu kommen. Das gehörte immer zum ganz normalen Leben. Es war auch normal, dass man das Knacken im Telefon hörte, wenn man überwacht wurde. Ich habe also für den Film nicht eigens recherchiert. Ich wusste, dass das Drehbuch den Figuren tolle Situationen bietet, die man dann einfach glaubwürdig spielen muss.

Henry Hübchen
Das Leben ist gar nicht so, es ist ganz anders 2006

Henry Hübchen, geboren 1947 in Berlin, äußerte sich 2006 in einem Interview mit dem Magazin »Stern« zur historischen Glaubwürdigkeit des Films »Das Leben der anderen«. Hübchen wurde bekannt durch seine Zusammenarbeit mit dem Theaterregisseur Frank Castorf, dessen Regiearbeiten in der DDR in den Achtzigerjahren zu einem Verweis, einer Absetzung sowie zu Disziplinarverfahren samt Vertragsauflösung führten. Während dieser Zusammenarbeit wurde Hübchen auch von einem IM der Stasi bespitzelt.

Stern: In der DDR waren Sie ein angesehener Theaterschauspieler. Wie fanden Sie den Stasi-Film »Das Leben der anderen«, der ja im Theatermilieu spielt?
Henry Hübchen: Das ist eine rührselige Politschmonzette und erinnert mich an das 50er-Jahre-DDR-Arbeiterepos »Ernst Thälmann – Sohn seiner Klasse«, das auch in den Schulen gezeigt wurde, nur mit umgekehrten Vorzeichen. Ich möchte den Umgang mit neuester deutscher Geschichte nicht amerikanisch als Märchen erzählt bekommen. Der Film ist offenbar schlecht recherchiert, wo sogar noch der Schriftsteller und Dramatiker Christoph Hein, der den Regisseur von den größten Dummheiten abhalten wollte, zum Alibi-Berater ernannt wurde. Hätte man den Bösen im Film Teufelshörner und einen Pferdefuß verpasst und den Guten blonde Perücken, so wäre das wenigstens eine ehrliche Konsequenz gewesen. [...] Apropos, wie hat Ihnen denn der Film gefallen?
Stern: Mich hat er sehr berührt.
H. H.: Was hat Sie denn da berührt? Das Schicksal der armen Kulturschaffenden?
Stern: Dass die Menschen im anderen Teil Deutschlands so unfrei in ihren Entscheidungen waren.
H. H.: Das wissen wir schon seit Adenauer. *(schmunzelt)* Aber von welchen Menschen reden Sie? Reden Sie von mir? Sehen Sie, das ist genau das Problem: das ewige Pauschalisieren, Verkürzen, Vereinfachen. In den 80er-Jahren haben populäre Künstler die Macht auch erpresst, nicht nur umgekehrt. Die Stasi war nicht nur ein Angst machendes Organ, sie wurde vor allem auch verachtet, verhöhnt, verlacht.
Stern: Haben Sie den wahren Namen des IM Dario Fo erfragt, der Sie bespitzelt hat?
H. H.: Nein, aber Frank Castorf (Theaterregisseur) hat ihn aus seiner Akte erfahren. Es war ein junger Mann, der bei uns soufliert hat, und ich erinnere mich, dass er mir damals immer ein bisschen leidtat. Und dieses Gefühl ihm gegenüber hat sich seltsamerweise nicht geändert. Sehen Sie, das Leben ist gar nicht so, es ist ganz anders.

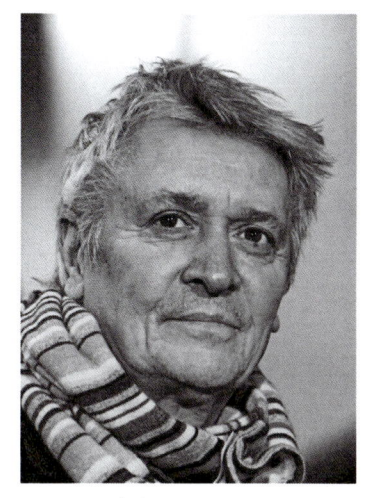

Henry Hübchen

1 Wie begründet Hübchen seine Einschätzung von der historischen Glaubwürdigkeit der filmisch dargestellten Wirklichkeit?

2 Erscheint Ihnen Ulrich Mühes oder Henry Hübchens Einschätzung glaubwürdiger? Beziehen Sie Stellung.

3 Skizzieren Sie weiteren Klärungsbedarf in dieser Frage (Fragen, Untersuchungsaufträge) und benennen Sie Personen und Institutionen, die Ihnen bessere Einblicke verschaffen könnten.

Texte • Medien — Wirkung

Claus Löser

Wenn Spitzel zu sehr lieben 2006

Der Berliner Autor, Filmhistoriker und Fachjournalist Claus Löser, geboren 1962 in Karl-Marx-Stadt (Chemnitz), setzt sich am 22. März 2006 in der »taz« mit der Bedeutung von »Das Leben der anderen« für die »Analyse der ›zweiten deutschen Diktatur‹« auseinander.

Durch seine differenzierte Perspektive stellt der Film potenziell einen wichtigen Beitrag zur Analyse der »zweiten deutschen Diktatur« dar. Dennoch scheitert er an seinem Gegenstand. […]

Die MfS-Veteranen von Hohenschönhausen werden ihren fiktiven Genossen Wiesler wegen seiner unerhörten Fraternisierung mit dem Gegner nicht mögen. Allein schon dieser Umstand verhilft »Das Leben der anderen« zur Legitimierung. Der genrebedingten Fiktionalisierung ist insgesamt kein Vorwurf zu machen. Unerheblich auch, dass ein solcher Fall des offensiven Seitenwechsels nicht verbürgt ist. Woran es dem Film gebricht, sind jedoch eine Reihe von Ungenauigkeiten, die sich aus dem dramaturgischen Korsett ergeben. So wird als Handlungszeit das Jahr 1984 angegeben – acht Jahre nach der Ausbürgerung Wolf Biermanns und nur wenige Monate vor der Berufung Michail Gorbatschows zum Generalsekretär der KPdSU. Die innenpolitische Situation Ostdeutschlands in Florian Henckel von Donnersmarcks filmischer Anordnung ähnelt aber eher der des Hochstalinismus, in dem der Repressionsapparat tagtäglich über Leichen ging.

In den Mittachtzigern hätte ein Autor vom Status Dreymans wegen eines Artikels im »SPIEGEL« ganz sicher nicht um Leib und Leben fürchten müssen. Seine publizistische Präsenz im Westen hätte ihn, im Gegenteil, geschützt. Geradezu absurd fällt die Wacht Wieslers im Dachgeschoss des Dichters aus. Davon abgesehen, dass das simultane Abtippen von Gesprächen in abgehörten Wohnungen Praxis und Logik widerspricht, dürfte das nächtliche Hämmern der Schreibmaschine kaum konspirativ gewirkt haben. Dreymans schöne Freundin Sieland (Martina Gedeck) wird als überaus begabte, doch labile, weil tablettensüchtige Schauspielerin eingeführt. Dadurch, dass ihre Affäre mit dem Kulturminister der DDR zum treibenden Moment avanciert, rutscht das Stasi-Thema auf das Niveau einer schmierigen Hintertreppen-Intrige. Wenn die DDR-Nomenklatura so hedonistisch gewesen wäre, hätte ihr immerhin ein menschlicher Zug angehaftet. Und wenn sich Hauptmann Wiesler eine volkseigene Nutte in den Neubaublock bestellt, verkommt das Ganze endgültig zum politisch verbrämten Herrenwitz.

Es sind diese Vermischungen von behaupteter Geschichtsschreibung und ungehemmter Kolportage, die »Das Leben der anderen« letztlich scheitern lassen. […] Denn neben sensiblen Passagen stehen plötzlich billigste Klischees. […]

---

1 Was spricht nach Claus Löser gegen den Film, was nicht?

2 Stellen Sie Verbindungen zwischen der Situation der Künstler im Film und den kulturpolitischen Weichenstellungen in der Geschichte der DDR (S. 38 ff.) her. Wo stellen Sie Übereinstimmungen fest?

3 Beziehen Sie begründet Stellung: Teilen Sie Lösers Einschätzung, dass die im Film dargestellte Situation Ostdeutschlands Parallelen zur Zeit des Hochstalinismus aufweist?

4 Verfolgen Sie, wie die übrigen Rezensenten in dem Abschnitt »Filmkritik« (S. 55–63) den historischen Realitätsgehalt des Films einschätzen und wie sie ihre Einschätzung begründen.

5 Setzen Sie Lösers Position zu den konkurrierenden Positionen ins Verhältnis. Wo sehen Sie Gemeinsamkeiten, wo Unterschiede?

Thomas Brussig
Gedächtnis und Erinnerung 1999

Glückliche Menschen haben ein schlechtes Gedächtnis und reiche Erinnerungen. […] Wer wirklich bewahren will, was geschehen ist, der darf sich nicht den Erinnerungen hingeben. Die menschliche Erinnerung ist ein viel zu wohliger Vorgang, um das Vergangene nur festzuhalten; sie ist das Gegenteil von dem, was sie zu sein vorgibt. Denn die Erinnerung kann mehr, viel mehr: Sie vollbringt beharrlich das Wunder, einen Frieden mit der Vergangenheit zu schließen, in dem sich jeder Groll verflüchtigt und der weiche Schleier der Nostalgie über alles legt, was mal scharf und schneidend empfunden wurde.

Dieter Wrobel
Erinnerungs- und Rekonstruktionsmodus 2008

Der Literaturdidaktiker Dieter Wrobel merkt zu »Das Leben der anderen« mit Blick auf Brussigs Unterscheidung von Erinnerung und Gedächtnis an,

dass auch dieser Film bei aller Priorität der penibel recherchierten und inszenierten Rekonstruktion nicht ohne den »Schleier der Erinnerung« […] auskommt: Denn der Film als ästhetisches Kunstwerk im fiktionalen Raum erzählt vor allem Geschichten und nicht (nur) Geschichte. Und so ist ein zentrales Element dieser Film-Geschichte eben nicht rekonstruiert, weil es so kaum rekonstruierbar ist, denn es existiert kein direktes rekonstruktionsfähiges Vorbild in der (zugänglichen) DDR-Geschichte. Der im Film erzählte Prozess zunehmender Zweifel an der Richtigkeit seiner Abhöraktionen und schließlich das konspirative Unterlaufen des Stasi-Apparats durch den MfS-Hauptmann Gerd Wiesler ist das deutlichste Moment von Fiktion.

Texte • Medien
Wirkung

1 Erläutern Sie Brussigs Unterscheidung zwischen Gedächtnis und Erinnerung in Ihren eigenen Worten.

2 Welche Vor- und Nachteile bergen die von Brussig genannten Möglichkeiten, eine Beziehung zur Vergangenheit aufzubauen?

3 Setzen Sie den Film »Das Leben der anderen« in Beziehung zu Brussigs Unterscheidung. Ermöglicht er aus Ihrer Sicht eher ein gutes Gedächtnis oder reiche Erinnerungen? Formulieren Sie Hypothesen: (Inwiefern) Kann der Film »Das Leben der anderen« einen Beitrag dazu leisten, »einen Frieden mit der Vergangenheit zu schließen«? Welchen Personen, Gruppen, Institutionen könnte der Film dazu verhelfen, welchen nicht?

4 Benennen Sie weitere »Momente von Fiktion« (Wrobel), durch die die historische Rekonstruktionsarbeit in ähnlicher Weise überschritten wird.

Texte . Medien
Wirkung

In einem Interview mit »SPIEGEL ONLINE« vom 15. September 2006 begründet der Historiker und wissenschaftliche Leiter der Stasi-Gedenkstätte Hohenschönhausen seine Kritik an dem Film »Das Leben der anderen«.

Das ehemalige Stasi-Gefängnis in Berlin-Hohenschönhausen

Hubertus Knabe
Der Stasi-Vernehmer als Held 2006

SPIEGEL ONLINE: Zeitgeschichtliche Wirkung haben derzeit Spielfilme. Mit »Das Leben der anderen« widmete sich ein Streifen der Arbeit der Stasi. Sie haben die Drehgenehmigung in der Gedenkstätte Hohenschönhausen verweigert. Warum?
Knabe: Die Geschichte des Films handelt davon, wie ein Stasi-Offizier einen kritischen Schriftsteller überwacht und sich am Ende auf dessen Seite stellt. Das hat es – leider – nicht gegeben. Der Stasi-Vernehmer als Held: Das verletzt die Gefühle vieler Opfer und führt die Zuschauer in die Irre.
SPIEGEL ONLINE: Zugleich ist der Film aber eine kühle Darstellung der Verhörmethoden, zeigt den diktatorischen Charakter der DDR.
Knabe: In der Tat ist es der erste große Kinofilm, der die DDR nicht nur als Spaßveranstaltung schildert. Vor allem der Anfang ist sehr beeindruckend, das Ende indes schwer erträglich: Der Schriftsteller widmet seinen Roman »in Dankbarkeit« dem Stasi-Mann, der seine Freundin in den Tod getrieben hat. Ich hoffe aber, dass sich nun auch andere Regisseure dem Thema zuwenden. Wir brauchen das, weil das Wissen über die DDR rapide nachgelassen hat. Es gibt Jugendliche, die glauben, Erich Mielke sei ein Schriftsteller gewesen. Auch in den Schulen muss sich etwas ändern.

Inge Stephan/Alexandra Tacke
NachBilder der Wende 2008

Wie wenig »verheilt« die Narben sind, die vierzig Jahre DDR im öffentlichen und privaten Leben zurückgelassen haben, zeigt das Thema »Staatssicherheit«, das durch die diversen »Enthüllungen« von Stasiverstrickungen prominenter Autor/innen zunehmend ins Blickfeld rückt. Die gegenwärtig zu beobachtende Tendenz, aus »Stasi-Männern« »gute Menschen« zu machen, die doch nicht ganz so schlecht waren und letztendlich aus Liebe ins Zweifeln an dem eigenen Mitläufertum geraten, ist in dem umstrittenen Fernsehfilm »12 heißt: Ich liebe Dich« (2008) wie auch in dem oscarprämierten Film »Das Leben der anderen« (2006) zu beobachten. Unweigerlich erinnern solche Filme an Spielfilme und Texte, die unmittelbar nach dem Zweiten Weltkrieg entstanden sind, um die nationalsozialistischen Mitläufer zu entlasten. [...] Nach 1945 hat es über zwanzig Jahre gedauert, bis eine erwachsen gewordene 68er-Generation ihren Eltern kritische Fragen nach den Verbrechen im Nationalsozialismus zu stellen begann. Sicherlich wird sich auch die nächste Generation der »DDR-Kinder« der Stasi-Erbschaft noch einmal stellen müssen […].

Rüdiger Suchsland
Mundgerecht konsumierbare Vergangenheit 2006

Die Wiesler-Figur und ihre filmische Rechtfertigung, die diesen am Ende als Opfer des Systems, als heimlichen guten Menschen und Wohltäter vom Prenzlauer Berg dastehen lässt, macht aus dem gemeinen Stasi-Mann eine Identifikationsfigur für all die alternden Ex-Regimeprofiteure, die heute mit dicken Renten in ihren Schrebergärten hocken und PDS wählen. […]

Geschichtspolitisch ist dies einmal mehr ein Film, der mit ästhetischen Mitteln an der Bildung einer deutschen Opfergemeinschaft schmiedet. Der Irritationen konsequent vermeidet, der aus diesem Vermeiden ein System macht. Versöhnungskitsch. […] »Das Leben der anderen« ist einerseits ein Film über die schlimme DDR und doch ein Täterversteher-Film, der gerade damit auch von einer anderen Seite aus nichts anderes macht als »Der Untergang«: Die Vermenschlichung des Bösen. Sie waren ja doch nicht so schlimm, oder?

> **Einen Dialog schreiben**
>
> Wählen Sie einen der folgenden Schreibaufträge:
>
> a) Stellen Sie sich vor, Sie wären der Enkel bzw. die Enkelin von Frau Meineke, der Nachbarin von Georg Dreyman (vgl. S. 41–44 des Drehbuchs). Welche kritischen Fragen im Sinne von Inge Stephan und Alexandra Tacke würden Sie Ihrer Großmutter stellen? Welche Antworten Ihrer Großmutter könnten Sie zufriedenstellen, welche könnten Sie nicht bzw. nur schwer akzeptieren? Verfassen Sie einen generationsübergreifenden Dialog zwischen sich als Enkel, Ihrer Mutter Mascha und Ihrer Großmutter über deren Rolle in der Intrige um Dreyman und Sieland.
>
> b) Stellen Sie sich vor, Sie wären der Enkel bzw. die Enkelin des mit Berufsverbot belegten Theaterregisseurs Albert Jerska. Welche kritischen Fragen (im Sinne von Inge Stephan und Alexandra Tacke) würden Sie nach dem Fall der Mauer Vertretern der schweigenden Mehrheit in der DDR, z. B. Frau Meineke, der Nachbarin von Georg Dreyman, stellen? Welche Antworten könnten Sie zufriedenstellen, welche könnten Sie nicht bzw. nur schwer akzeptieren? Verfassen Sie einen Dialog, an dem sich die Chancen und Grenzen eines kritischen Dialogs ablesen lassen.

1 Erläutern Sie die Kritik von Knabe, Stephan/Tacke und Suchsland an der Geschichtsdarstellung in »Das Leben der anderen«.

2 Teilen Sie die Meinung der Kritiker? Sammeln Sie Belege aus dem Film(buch), um die Vorwürfe zu stützen bzw. zu widerlegen.

3 Inge Stephan und Alexandra Tacke fordern eine kritische Auseinandersetzung der Nachgeborenen mit ihren Eltern und Großeltern. Welche Gründe sprechen aus Ihrer Sicht für einen kritischen Dialog? Woran könnte der geforderte kritische Dialog scheitern?

Die filmische Vermittlung von Geschichte erörtern

Im Folgenden finden Sie zwei Statements, die die Rolle von Filmen bei der Vermittlung von Geschichte und historischem Bewusstsein unterschiedlich bewerten. Das eine stammt aus einem Grußwort des damaligen Bundespräsidenten Horst Köhler anlässlich des Empfangs des Oscar-Preisträgers Florian Henckel von Donnersmarck 2007 in Berlin. Das andere ist ein Auszug aus einem Kommentar zu »Das Leben der anderen«, den der Mitarbeiter in der Abteilung Bildung und Forschung des Bundesbeauftragten für Stasi-Unterlagen, Jens Gieseke, 2006 veröffentlichte.

Horst Köhler
Grußwort (2007)
Ich weiß um die Wirkung von Bildern und ich weiß um die Wirkung gut erzählter Geschichten. Sie [Florian Henckel von Donnersmarck] haben nicht nur eine sorgfältig recherchierte Geschichte erzählt und schon damit einen Beitrag zur Aufarbeitung der DDR-Geschichte geleistet, Sie haben auch die passenden Bilder gefunden, beklemmend nahe an der damaligen Realität. Es sind Bilder eines Unterdrückungssystems, die weltweit Aufmerksamkeit erregen, wie die jetzige Auszeichnung beweist. Der Film bleibt dabei ein Kunstwerk und ist keine Dokumentation, dennoch bleiben mir die Bilder von erbarmungsloser Kontrolle, Überwachung und Einschüchterung durch die Staatssicherheit der DDR im Gedächtnis, wie sie kein Dokumentarfilm vermitteln könnte.

Jens Gieseke **Der traurige Blick des Hauptmanns Wiesler** (2006)
Zugegeben, ich kann sie nicht mehr leiden, die Betroffenheit heischende Ästhetik zeithistorischer Filmstoffe, in denen wir mit Sophie Scholl und Traudl Junge fühlen, uns von den Irrwegen Albert Speers abstoßen lassen, die Heldentaten Oskar Schindlers bewundern oder der Verschmelzung von Bruno Ganz und Adolf Hitler im Führerbunker beiwohnen können. Ich verkenne nicht das Bedürfnis von Künstlern, sich an solchen Stoffen abzuarbeiten, und auch nicht das Interesse des Publikums, derlei Produkte zu konsumieren. Doch ob sie die öffentliche Reflexion über Geschichte wirklich befördern, ist noch nicht entschieden. Die Authentizität des nahen Blicks ist nur scheinbar und hinterlässt ein historisches Bewusstsein, dass durch die Eindringlichkeit der Bilder kontaminiert ist.

1 Versuchen Sie, die Statements Köhlers und Giesekes jeweils in einem Satz zu formulieren.

2 Vergleichen Sie Köhlers und Giesekes Bewertung der Rolle von (filmischen) Bildern für die Vermittlung von Geschichte und historischem Bewusstsein.

3 Erörtern Sie die Frage, ob »Das Leben der anderen« das Nachdenken über Geschichte fördert. Was spricht dafür, was dagegen?

4 Erörtern Sie die Frage, ob bzw. inwiefern »Das Leben der anderen« in der Schule zur Vermittlung von DDR-Geschichte eingesetzt werden sollte. Diskutieren Sie Vor- und Nachteile. Beziehen Sie in Ihre Überlegungen auch die Argumente aus den »Nachgefragt«-Interviews (S. 72–90) ein.

5 Führen Sie selbst ein Interview durch, in dem Sie jemandem aus Ihrem Bekanntenkreis, der den Film gesehen hat, die Frage aus Aufgabe 4 stellen.

Info Eine Erörterung verfassen

Beim Erörtern versuchen Sie, Ihre persönliche Meinung zu einem umstrittenen Thema oder einem komplexen Problem zu entwickeln und überzeugend zu begründen. In diesem Sinn sollten Sie eine Erörterung als Hilfsmittel zur Meinungsbildung bzw. Problemlösung ansehen. Gerade angesichts komplexer Probleme oder umstrittener Themen können Sie im Rahmen einer Erörterung einen Problemzusammenhang aus unterschiedlichen Blickwinkeln heraus ins Auge fassen.

Vorarbeiten

Sichten Sie das Feld möglicher Argumente und markieren Sie Thesen, Begründungen und Belege. Ergänzen Sie eigene Argumente. Klären Sie Begriffe, die erläuterungsbedürftig bzw. zentral für Ihr Thema sind. Ordnen Sie die potenziellen Argumente thematisch und entsprechend Ihrer Bedeutung.

Anfertigung

Inhalt und Aufbau:

Einleitung:

Erläutern Sie Ihren Lesern einleitend, warum Sie eine Auseinandersetzung mit dem Thema für bedeutsam erachten – z. B. durch den Verweis auf eine persönliche Erfahrung, eine Pressemitteilung zum Thema etc.

Legen Sie Ihre Einleitung nach dem »Trichterprinzip« an: vom Allgemeinen zu einer konkreten Problemfrage, die Sie im Hauptteil erörtern.

Hauptteil:

Legen Sie Ihren eigenen Standpunkt dar: Ordnen Sie die Argumente, mit denen Sie Ihre Meinung stützen, steigernd an. Ordnen Sie die Gegenargumente »fallend« an.

Beachten Sie beim Aufbau Ihrer Argumente, dass diese stets aus einer These, Begründung und einem Beleg bestehen. Belegen Sie Ihre Begründungen z. B. durch überprüfbare Fakten, allgemein anerkannte Normen und Werte, Expertenmeinungen, persönliche Erfahrungen, Hinweise auf Konsequenzen etc.

Verbinden Sie Ihre Argumente mit Überleitungssätzen, durch die Sie ihren Lesern verdeutlichen, wie Sie die Argumente gewichten.

Achten Sie darauf, Ihre Ausführungen durch Absätze zu gliedern.

Schluss:

Fassen Sie Ihren Standpunkt mit Blick auf Ihre Einleitung zusammen.

Sprache:

Belegen Sie fremde Positionen – wenn möglich – mit Zitaten.

Verdeutlichen Sie Ihre Ausführungen über Gründe, Gegengründe, Bedingungen, Zwecke, Folgen etc. durch den Einsatz entsprechender Adverbialsätze.

Verdeutlichen Sie Ihre Bewertung der Argumente durch Konjunktionen, die reihen, gewichten, entgegensetzen.

Texte . Medien
Wirkung

Nachgefragt

Für das vorliegende Heft zu dem Film »Das Leben der anderen« haben sich fünf prominente Persönlichkeiten aus Politik, Wissenschaft und Gesellschaft bereit erklärt, den Wert dieses Films für die Vermittlung von DDR-Geschichte einzuschätzen. Allen Interviewten, die biografisch auf unterschiedliche Weise durch die deutsch-deutsche Geschichte geprägt sind, wurden dieselben Fragen gestellt.

Nachgefragt bei Rainer Eppelmann

Nennen Sie bitte drei Begriffe oder Eindrücke, die Sie spontan mit der DDR assoziieren, und versuchen Sie zu erklären, warum sich Ihnen gerade diese Assoziationen aufdrängen.

ideologische Enge + Unfreiheit

Mangel + Korruption

verlogene und überhebliche Führung

(Inwiefern) Spiegelt der Film »Das Leben der anderen« ein realistisches Bild des Lebens in der DDR wider?

Einen solchen Stasi-Offizier hat es in letzter Konsequenz wohl – leider – *nicht* gegeben; und hätte es ihn gegeben, wären seine Vorgesetzten nicht so freundlich mit ihm umgegangen.
    Aber die politische Führung war korrupt, missbrauchte ihre Macht; viele DDR-Bürger ordneten sich unter.

Inwiefern finden Sie den Film »Das Leben der anderen« gelungen bzw. problematisch oder kritikwürdig?

Als Spiel- (und nicht als Dokumentarfilm) sehr gelungen, weil es das »Teuflische« des Systems eindrucksvoll zeigt.

Angesichts der verblassenden Erinnerung an die DDR wird seit einiger Zeit darüber diskutiert, wie ein fairer Umgang mit der DDR und ihrer Geschichte aus-

---

Rainer Eppelmann

Rainer Eppelmann wird 1943 in Berlin geboren und wächst im Osten der Stadt auf. [...] Sein Vater, ehemaliger SS-Unterscharführer und Aufseher im KZ Buchenwald, arbeitet im Westen und bleibt nach dem Mauerbau dort. Er selber lebt mit seiner Mutter und den drei Geschwistern weiter in Ostberlin. Der Weg zum Gymnasium jenseits der Mauer ist versperrt. Eppelmann möchte Pilot oder Architekt werden. Aber erst muss er Geld verdienen. Er arbeitet als Dachdecker und Maurer. [...] Eppelmann lehnt den Wehrdienst ab und kommt als einer der ersten Bausoldaten nach Stralsund, um für die NVA Lagerhallen und Schießanlagen zu errichten. Gleich zu Beginn soll er ein Gelöbnis auf den Staat ablegen. Er weigert sich, wird verhaftet und zu acht Monaten Gefängnis verurteilt. Danach ist er wieder Bausoldat. [...] Um sich vom Regime abzusetzen, hat er sich entschlossen, Pfarrer zu werden. Die Fachhochschule für Theologie ermöglicht ihm ein Studium auch ohne Abitur.

sehen kann. Ermöglicht der Film »Das Leben der anderen« Ihrer Meinung nach einen fairen bzw. differenzierten Umgang mit der DDR-Geschichte?

Ja, er regt intensiv dazu an; und Streit ist ja erlaubt und erwünscht.

Der Unterricht in der Schule wird die Erinnerung an die DDR entscheidend prägen. Verraten Sie uns Ihren persönlichen Wunsch für die Zukunft: Woran sollten sich künftige Generationen erinnern, wenn sie – z. B. in 20 Jahren am Tag der Deutschen Einheit oder am Tag des Mauerfalls – an die DDR denken? Was sollten Sie nicht vergessen?
Alternativ:
Wer in der DDR gelebt hat, hat einen Erfahrungsvorsprung vor denjenigen, die nicht in der DDR gelebt haben. Welche Erfahrungen vom Leben in der DDR halten Sie für so wichtig, dass sie nicht vergessen werden sollten?

Unsere Enkel und Urenkel sollen eine Chance erhalten zu begreifen, warum wir unsere Regierung und dieses System verjagt haben. Sie sollen die Unterschiede von Diktatur und Demokratie benennen können, mit den Auswirkungen auf ihr konkretes Leben.

Würden Sie Schülern »Das Leben der anderen« als Quelle empfehlen, um sich ein Bild vom Leben in der DDR zu machen?

Unbedingt!

Welches Buch, welchen Film, welches Theaterstück, welche Dokumentation, welchen Gesprächspartner, ... würden Sie Schülern empfehlen, die sich heute ein Bild vom Leben in der DDR machen wollen?

»Endspiel. Die Revolution von 1989 in der DDR« von Ilko-Sascha Kowalczuk

---

[...] Nach dem Studium hält er sich als Pfarrer der Samaritergemeinde in Berlin an die Devise: »Bleibe im Lande und wehre dich täglich!« Gezielt holt er Schriftsteller und Künstler in seine Kirche, die sonst Auftrittsverbot haben [...]. Die Stasi schleust Spitzel in seine Gemeinde und versteckt Wanzen in seiner Wohnung. [...] Dutzende von Agenten verfolgen ihn, lancieren anonyme Briefe und versuchen, seine Ehe zu zerstören. Letzteres gelingt ihnen. Zeitweise muss der Pfarrer um sein Leben fürchten. Doch Eppelmann [...] ist nicht kleinzukriegen [...]. Mit dem Ende der DDR wechselt er noch einmal seinen Beruf und wird Politiker. Höhepunkt seiner Karriere ist das Amt des Ministers für Abrüstung und Verteidigung in der letzten DDR-Regierung. Der ehemalige Bausoldat löst die DDR aus dem Warschauer Pakt und trägt dazu bei, dass die Eingliederung der NVA in die Bundeswehr friedlich verläuft.
(Aus: Hermann Vinke: Die DDR, Ravensburg 2008, S. 129)

Texte . **Medien** Wirkung

Nachgefragt bei Michael Stolleis

Nennen Sie bitte drei Begriffe oder Eindrücke, die Sie spontan mit der DDR assoziieren, und versuchen Sie zu erklären, warum sich Ihnen gerade diese Assoziationen aufdrängen.

Ulbricht – die Mauer – Wiedervereinigung

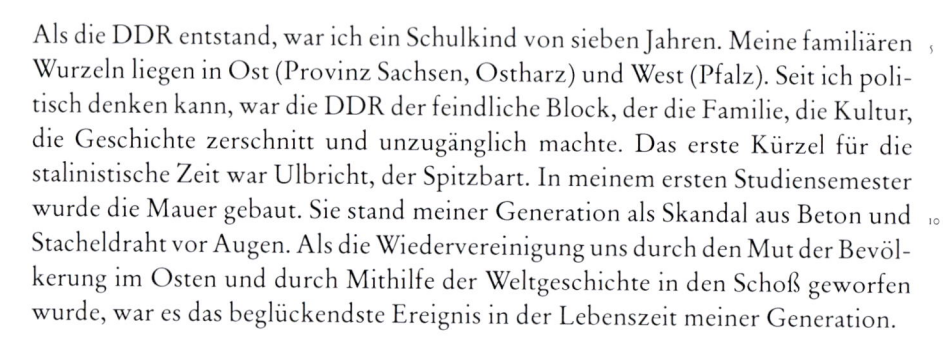

Als die DDR entstand, war ich ein Schulkind von sieben Jahren. Meine familiären Wurzeln liegen in Ost (Provinz Sachsen, Ostharz) und West (Pfalz). Seit ich politisch denken kann, war die DDR der feindliche Block, der die Familie, die Kultur, die Geschichte zerschnitt und unzugänglich machte. Das erste Kürzel für die stalinistische Zeit war Ulbricht, der Spitzbart. In meinem ersten Studiensemester wurde die Mauer gebaut. Sie stand meiner Generation als Skandal aus Beton und Stacheldraht vor Augen. Als die Wiedervereinigung uns durch den Mut der Bevölkerung im Osten und durch Mithilfe der Weltgeschichte in den Schoß geworfen wurde, war es das beglückendste Ereignis in der Lebenszeit meiner Generation.

(Inwiefern) Spiegelt der Film »Das Leben der anderen« ein realistisches Bild des Lebens in der DDR wider?

Der Film ist kein Dokumentarfilm, sondern ein Kunstwerk. Er zeigt keine Realität, sondern eine mit realen Elementen erzeugte Fiktion. Diese Fiktion berührt aber viele, weil sie zeigt, wie Ehrlichkeit und Lügen vermischt waren, wie präsent die tägliche Angst, wie sogar ein Stasi-Mann an seiner Tätigkeit zweifeln konnte. Das alles gab es. Der Erfolg des Films ist gerechtfertigt, weil eine authentische, schreckliche und menschliche Geschichte erzählt wird.

Inwiefern finden Sie den Film »Das Leben der anderen« gelungen bzw. problematisch oder kritikwürdig?

Der Film ist bewundernswert, weil er von einem relativ jungen Mann ohne Ost-Erfahrung gedreht wurde, eine einfache Sprache spricht und seine Figuren nicht karikiert. Als Kunstwerk ist er rund und schlüssig.

Aber man soll ihn nicht für das ganze Leben in der DDR nehmen. Das spielte sich in den Betrieben und Familien ab, vielfach in kulturellen Nischen, in Mangelsituationen, in räumlicher Beschränkung für Urlaub, miserablen Autos, vielen Kontrollen und Misstrauen. Der Film zeigt nichts von den Arbeitsbedingungen der normalen Leute, sondern die Probleme einer bestimmten privilegierten Schicht, die in verhängnisvoller Nähe zur Macht lebt.

Michael Stolleis

Prof. Dr. Michael Stolleis, Jahrgang 1941, war von 1991 bis 2009 Direktor am Max-Planck-Institut für europäische Rechtsgeschichte in Frankfurt am Main. Stolleis, der Jura studiert hat, interessiert sich für die Geschichte des öffentlichen Rechts. 2009 veröffentlichte er ein Buch über Verwaltungsrecht in der DDR. Der Titel lautet: »Sozialistische Gesetzlichkeit«.

Texte . Medien
Wirkung

Angesichts der verblassenden Erinnerung an die DDR wird seit einiger Zeit darüber diskutiert, wie ein fairer Umgang mit der DDR und ihrer Geschichte aussehen kann. Ermöglicht der Film »Das Leben der anderen« Ihrer Meinung nach einen fairen bzw. differenzierten Umgang mit der DDR-Geschichte?

Der Film ermöglicht »einen« Zugang zum Leben in der DDR, aber es gibt auch viele andere. Wer zum Beispiel wissen möchte, wie Justiz und Gerichte funktionieren, sollte sich das Buch von Inga Markovits: Gerechtigkeit in Lüritz, München 2006, ansehen. Wer einen guten Fotoband sucht, der die DDR als »stilles Land« zeigt, nehme Roger Melis: In einem stillen Land. Fotografien 1965–1989, Leipzig 2007.

Für einen »fairen Umgang« mit der Vergangenheit der DDR gibt es keinen Königsweg. Der Film kann ihn bieten, ebenso die gesamte Kunst und Literatur der DDR, aber auch ausgewogene historische Darstellungen, wie es sie immer mehr gibt. Man sollte nachdenken, was »fair« heißt: Das Krumme muss krumm, das gerade muss gerade genannt werden. Die DDR war keine sozialistische Kuschelecke, sondern ein unterdrückerisches, autoritäres System. Sie war den Menschen 1945 übergestülpt worden. Eine reale Möglichkeit der Selbstbefreiung gab es nicht vor 1989. Was die Menschen aus ihren Leben gemacht haben, muss »gerecht« beurteilt werden, also ohne Vorurteile oder Hochmut. In der DDR wurde unter schlechten äußeren Bedingungen viel geleistet. Daran zu erinnern ist »fair«. Aber ebenso wäre es »unfair«, das vielfache vom Staat begangene Unrecht zu verschweigen oder zu beschönigen.

Der Unterricht in der Schule wird die Erinnerung an die DDR entscheidend prägen. Verraten Sie uns Ihren persönlichen Wunsch für die Zukunft: Woran sollten sich künftige Generationen erinnern, wenn sie – z. B. in 20 Jahren am Tag der Deutschen Einheit oder am Tag des Mauerfalls – an die DDR denken? Was sollten sie nicht vergessen?

Wenn es möglich wäre, Emotionen in die Zukunft zu übertragen, würde ich am liebsten an das Glück der Wiedervereinigung erinnern, an den Aufschrei der Massen in der Prager Botschaft, an die Tränen und den Jubel beim Fall der Mauer, an die Zugänglichkeit der großen Kulturstätten in Dresden, Leipzig, Halle und Weimar, des Parks in Wörlitz, der Feldsteinkirchen auf dem Land, der Ostseeküste mit Rügen, der Hansestädte Rostock, Greifswald, Wismar und Stralsund usw. usw. – Künftige Generationen in Ost und West sollten sich durch Aneignung der Sprache, Kultur und Geschichte erinnern, was für beide Seiten vierzig Jahre lang wie unter Panzerglas verborgen war.

Feiernde Menschen auf der Mauer am Brandenburger Tor in Berlin

Texte • Medien
Wirkung

Würden Sie Schülern »Das Leben der anderen« als Quelle empfehlen, um sich ein Bild vom Leben in der DDR zu machen?

Ja, aber doch mit den oben gemachten Vorbehalten. Es ist ein Ausschnitt, weitgehend wahrheitsgetreu, aber eben nur ein Ausschnitt. Für die Masse der Bevölkerung in der DDR gilt diese Geschichte nicht, ausgenommen die reale Präsenz der Staatssicherheit.

Welches Buch, welchen Film, welches Theaterstück, welche Dokumentation, welchen Gesprächspartner, … würden Sie Schülern empfehlen, die sich heute ein Bild vom Leben in der DDR machen wollen?

Als Alternativen zu diesem Film möchte ich einen Roman, eine Autobiografie und vor allem Lyrik nennen:

Uwe Tellkamp: Der Turm, Frankfurt 2008 (ein Buch, für das man Ruhe und Geduld braucht, das aber einen enormen Reichtum in der Beschreibung des Alltagslebens entfaltet)
Günter de Bruyn: Vierzig Jahre. Ein Lebensbericht, Frankfurt 1996 (Autobiografie eines Schriftstellers, der sich nicht verbiegen ließ)
Reiner Kunze: Zimmerlautstärke, Frankfurt 1972
Reiner Kunze: Die wunderbaren Jahre, Frankfurt 1976
    (zwei Klassiker der kleinen Form, Gedichte und Prosa, für Leute mit feinen Ohren)
Sarah Kirsch: Katzenkopfpflaster, Ebenhausen 1969 (einer der frühen Gedichtbände einer großen Lyrikerin aus der DDR; man kann ihr verfallen)
Wolf Biermann: Die Drahtharfe, Berlin 1965
Wolf Biermann: Mit Marx- und Engelszungen, Berlin 1968 (das war der Sound, der schließlich das System zum Wackeln brachte)

Lesen ist, wie man sagt, Denken mit fremdem Gehirn. Der beste Weg, ein faires Bild von der DDR zu gewinnen, ist der, sich der Gehirne kluger Leute zu bedienen, die dort gelebt und geschrieben haben, die kritisch geblieben oder geworden sind, die schließlich dazu fähig waren, ihre Erfahrungen in Formen zu gießen, die auch für künftige Generationen zugänglich sind.

Nachgefragt bei Marianne Birthler

Nennen Sie bitte drei Begriffe oder Eindrücke, die Sie spontan mit der DDR assoziieren, und versuchen Sie zu erklären, warum sich Ihnen gerade diese Assoziationen aufdrängen.

– SED-Diktatur
– Freiheitsberaubung und Bevormundung
– lebendiges Leben unter schwierigen Bedingungen

Die DDR war eine Einparteien-Diktatur. Die ideologisch begründete Herrschaft der SED beruhte darauf, dass sie den Staat kontrollierte und für ihre Zwecke instrumentalisierte. Somit waren die – alle gesellschaftlichen Bereiche erfassenden – Staatsmonopole wie das Machtmonopol, das Verwaltungsmonopol, das Informations- und Bildungsmonopol und das Wirtschaftsmonopol immer zugleich in der Hand der SED. Auch die Justiz wurde von der Partei für die Durchsetzung einer »sozialistischen Gesellschaftsordnung« instrumentalisiert. Ziel war eine totale Kontrolle und Vereinnahmung der Menschen in der DDR – von der Kinderkrippe über die Schule, das Arbeitsleben bis hin in die Freizeit- und Ferienorganisation. DDR-Bürger, so die ideale Herrschaftsfantasie, standen jederzeit im Dienst und unter Einfluss der Partei.

Zugleich sperrte die DDR ihre Menschen ein, hinderte sie durch Mauer, Stacheldraht und Einschüchterung daran, das Land zu verlassen. Unliebsamen Menschen konnte auch ein Berlin-Verbot erteilt werden. Und wer von der Parteilinie abweichende Gedanken nicht für sich behielt, sondern im größeren Kreis oder sogar öffentlich äußerte, der geriet ins Visier des Ministeriums für Staatssicherheit (MfS). Diese Geheimpolizei der SED konnte Menschen fast unkontrolliert verfolgen, überwachen, einschüchtern, verhaften und in eigenen Untersuchungshaftanstalten festhalten.

In der DDR lebten Millionen von Menschen, hatten hier Heimat, Familie und Freunde, gingen engagiert ihrem Beruf nach und versuchten, sich mit den allgegenwärtigen Zumutungen der Diktatur zu arrangieren, allen Beschränkungen und Beschränktheiten zum Trotz. Aber jeder geriet immer an irgendwelche Grenzen, denn der Staat forderte auch immer wieder Zustimmung und Bekenntnis ein, sei es zu den Jungpionieren, zu den Thälmannpionieren, zur FDJ, zur Nationalen Volksarmee, sei es der Eintritt in die SED oder die öffentliche Distanzierung von in Ungnade gefallenen Mitschülern oder Kollegen, sei es gar die Spitzeltätigkeit für die Stasi. Und es erforderte Mut, sich zu entziehen, noch mehr Mut, offen Nein zu sagen, denn dies konnte unabsehbare Konsequenzen für einen selbst oder Menschen haben, die einem nahestanden. Viele Menschen lebten deshalb ein

Marianne Birthler

Texte . Medien
Wirkung

Marianne Birthler, geboren 1948 in Berlin-Friedrichshain, absolvierte ihr Abitur, obwohl sie aus der FDJ ausgetreten war. Sie schloss 1966 ihren Facharbeiterbrief und 1972 ihr Außenhandelswirtschaftler-Fernstudium ab und arbeitete danach im DDR-Außenhandel. 1976 veränderte sie ihre berufliche Laufbahn. Sie begann eine Ausbildung zur Katechetin und Gemeindehelferin in der Evangelischen Kirche, wurde Jugendreferentin im Stadtjugendpfarramt von Berlin und setzte sich vor allem in der Initiative Frieden und Menschenrechte ein. 1986 war sie eines der Gründungsmitglieder des Arbeitskreises »Solidarische Kirche«, der die Demokratisierung von Kirche und Gesellschaft in der DDR in den Mittelpunkt seiner Bemühungen stellte. In der letzten DDR-Volkskammer war Marianne Birthler von März bis Oktober 1990 Sprecherin von Bündnis 90 und gehörte vom 3. Oktober bis zu den ersten gesamtdeutschen Wahlen am 2. Dezember dem Deutschen Bundestag an. Im Oktober 1990 wurde Marianne Birthler in den Brandenburger Landtag gewählt. Im November übernahm sie in der Landesregierung unter Manfred Stolpe das Ministerium für Bildung, Jugend und Sport, das sie 1992 aus Protest gegen die bekannt gewordenen Kontakte des Ministerpräsidenten Stolpe zur Stasi niederlegte. Im Jahr 1993 wurde sie Präsidiumsmitglied des Deutschen Evangelischen Kirchentages. 1995 bekam Marianne Birthler als Auszeichnung das Bundesverdienstkreuz. Im September 2000 wurde Marianne Birthler Bundesbeauftragte für die Unterlagen des Staatssicherheitsdienstes der ehemaligen DDR. 2006 wurde sie vom Bundestag in diesem Amt bestätigt.

Doppelleben: Zu Hause und im Kreis der Familie oder vertrauter Freunde wurde offen diskutiert, galten die eigenen Regeln und Werte. »Draußen« waren sie disziplinierte, funktionierende und unauffällige Staatsbürger.

(Inwiefern) Spiegelt der Film »Das Leben der anderen« ein realistisches Bild des Lebens in der DDR wider?

Um ein realistisches Bild vom DDR-Alltag zu bekommen, würde ich den Film nicht uneingeschränkt empfehlen.
  Das generelle Klima der Einschüchterung ist an vielen Stellen des Films auf sehr eindrückliche Weise beschrieben, zum Beispiel mit der besorgten Nachbarin, die die Stasi-Mitarbeiter beim Eindringen in die Wohnung von Georg Dreyman beobachtet hat und von ihnen ohne Begründung und ohne Erklärung massiv bedroht wird. Sie weiß offenbar, wen sie vor sich hat, und kommt gar nicht auf die Idee, nachzufragen oder aufzubegehren. Polizei oder Stasi mussten nicht begründen, erklären oder entschuldigen, sie ordneten an und befahlen. Auch die nahezu unbeschränkte Machtfülle und die Handlungsspielräume der SED und der Stasi werden sehr anschaulich dargestellt.
  Im Mittelpunkt der Handlung stehen ein Stasi-Offizier und die von ihm »bearbeiteten« Menschen. Dies hat natürlich eine starke Verengung der Perspektive zur Folge, das Leben in der DDR war bei Weitem nicht nur durch Stasi, Kontrolle und Einschüchterung geprägt, wenngleich es ohne diese wiederum nicht zu verstehen ist. Auch war das Leben in der DDR nicht so grau und trist, wie der Film mit seiner spezifischen Filmsprache es erscheinen lässt. Das Leben war für viele Menschen »normaler« und alltäglicher. Der Film will ja auch gar nicht die »ganze« DDR zeigen. Es geht in ihm um Künstler in Ostberlin in den Achtzigerjahren. Solche Unterschiede sind wichtig, denn die DDR hat sich im Laufe der Jahrzehnte verändert, und es gab große Unterschiede zwischen dem Stadtbild in Berlin und anderen Städten. Auch das Leben bekannter Künstler unterscheidet sich vom DDR-Durchschnitt.

Inwiefern finden Sie den Film »Das Leben der anderen« gelungen bzw. problematisch oder kritikwürdig?

Gelungen ist an dem Film zunächst einmal, dass das Thema DDR-Staatssicherheit in einem Spielfilm in den Mittelpunkt gerückt ist. Die fast totalen Überwachungs- und Kontrollmöglichkeiten, das perfide Instrumentarium und das Ausgeliefertsein der Menschen gegenüber dieser Geheimpolizei wird anschaulich dargestellt. Realistisch finde ich auch die Darstellung, auf welche Weise und wie verschieden sich das Wirken des MfS auf Menschen auswirkt: Die einen werden zu Verrätern, andere haben Angst oder verzweifeln, manche passen sich an, wieder andere werden mutig und wehren sich gegen Lügen. So habe ich die DDR der Achtzigerjahre auch erlebt. Damit hat der Film bundesweit die Aufmerksamkeit auf das Thema MfS und das Wirken der Geheimpolizei gelenkt und das Interesse von Menschen geweckt, die vorher keine Vorstellung von der DDR-Staatssicherheit hatten.

Aber der Film zeigt teilweise kein realistisches Bild des MfS und seiner Mitarbeiter.

Das zentrale Problem ist die Hauptfigur, die es gar nicht hätte geben können, sie ist ein Konstrukt. Dem Stasi-Hauptmann Gerd Wiesler begegnen wir erstmals als Vernehmer in der Stasi-Untersuchungshaft, dann doziert er an der Stasi-Hochschule, organisiert die Verwanzung einer Wohnung, hört selbst tagelang vom Dachboden des Hauses aus ab, er geht selbst ins Archiv und sucht Karteikarten heraus und holt Akten aus den Regalen. So vereint der Stasi-Mitarbeiter Wiesler in einer Person Funktionen, die beim MfS von verschiedenen Leuten mit striktester Aufgabentrennung durchgeführt worden wären.

Typisch für die Struktur und die Tätigkeit des MfS war aber gerade, dass diese Aufgabenkonzentration nicht möglich war. Alle im Film beschriebenen Tätigkeiten waren strikt voneinander getrennt, wurden von unterschiedlichen Mitarbeitern wahrgenommen, die voneinander nichts wussten, ja oft nicht einmal überhaupt wussten, wozu der jeweilige Auftrag überhaupt diente. Innere Konspiration nannte das die Stasi. Sie diente dazu, dass kein Einzelner zu viel wusste oder bewegen konnte, dass also genau der beschriebene Fall ausgeschlossen war. Und das hat auch funktioniert.

Angesichts der verblassenden Erinnerung an die DDR wird seit einiger Zeit darüber diskutiert, wie ein fairer Umgang mit der DDR und ihrer Geschichte aussehen kann. Ermöglicht der Film »Das Leben der anderen« Ihrer Meinung nach einen fairen bzw. differenzierten Umgang mit der DDR-Geschichte?

Fair sollte vor allem der Umgang mit den Menschen sein, die in der DDR gelebt haben.

Das politische System aber muss in aller Deutlichkeit beschrieben werden: In der DDR waren weder die Verfassung noch alle sogenannten demokratischen Mitwirkungsmöglichkeiten das Papier wert, auf das sie geschrieben waren. Millionen Menschen waren von Staats wegen eingemauert, kannten keine Presse- oder Meinungsfreiheit, waren von »Arbeitskräftelenkung« betroffen und hatten keine Möglichkeit, sich gegen Willkürakte des Staates zur Wehr zu setzen.

Das Leben der Menschen, ihre Leistungen, die sie teilweise unter widrigen Umständen erbrachten, und die Findigkeit, mit der sie ihre großen Alltagsprobleme meisterten, werden nicht ausreichend gewürdigt, wenn man den Blick nur auf das institutionell verankerte Unrecht wirft, mit dem sie sich arrangieren

Das ehemalige Stasi-Gefängnis Bautzen II

Texte · Medien
Wirkung

mussten oder unter dem sie litten. Dies gilt übrigens für alle Diktaturen, die nicht nur Täter und Mitläufer produzierten.

Der Film »Das Leben der anderen« hat einen wichtigen Beitrag geleistet, um den Blick auf das System der Repression und Einschüchterung zu lenken, das einen wichtigen Teil des Lebens in der DDR ausmachte.

Der Unterricht in der Schule wird die Erinnerung an die DDR entscheidend prägen. Verraten Sie uns Ihren persönlichen Wunsch für die Zukunft: Woran sollten sich künftige Generationen erinnern, wenn sie – z. B. in 20 Jahren am Tag der Deutschen Einheit oder am Tag des Mauerfalls – an die DDR denken? Was sollten Sie nicht vergessen?

Schüler sollten zunächst überhaupt wissen, dass es eine DDR gab, dass ein Teil Deutschlands kommunistisch war und mit welchen ideologischen Legitimierungen sowie Gewalt- und Verführungsmaßnahmen die SED 40 Jahre lang herrschte. Sie sollten wissen, dass es eine Diktatur war, die Menschen bevormundete, einschüchterte und unterdrückte – und dass all die sogenannten »Sicherheiten« wie Arbeitsplätze oder »soziale Absicherung« um einen unvorstellbar hohen Preis gewährt waren, nie einzufordern waren und meist eine Kehrseite hatten (wie die Pflicht zur Arbeit mit drohenden Zwangsmaßnahmen). Außerdem waren sie fast immer abhängig von Anpassung.

Sie sollten aber auch wissen, wie Menschen in einem vom Staat maximal gesteuerten Alltag lebten, sich Freiräume erkämpften und anständig blieben, wie schwer das teilweise war und wie hoch der Preis sein konnte. Sie sollten nicht die Opfer des Systems vergessen. Vor allem sollten sie die friedliche Revolution als einen in der deutschen Geschichte einzigartigen Akt der Selbstbefreiung und des friedlichen Kampfs für Freiheit, Demokratie und Menschenrechte würdigen können.

Welches Buch, welchen Film, welches Theaterstück, welche Dokumentation, welchen Gesprächspartner, … würden Sie Schülern empfehlen, die sich heute ein Bild vom Leben in der DDR machen wollen?

Besonders gute, lesbare und spannende Jugendbücher zur deutschen Geschichte hat Klaus Kordon geschrieben, sein Buch »Krokodil im Nacken« beschreibt das Schicksal eines Mannes, der nach einem Fluchtversuch von der DDR-Staatssicherheit festgehalten wird und lange Jahre in Haft zubringt. Für jüngere Menschen ist das Buch »Der Vorhang fällt« von Viola Türk eine empfehlenswerte Lektüre. Es schildert aus der Perspektive eines jungen Mädchens die Ereignisse um die Sprengung der Universitätskirche in Leipzig im Jahr 1968.

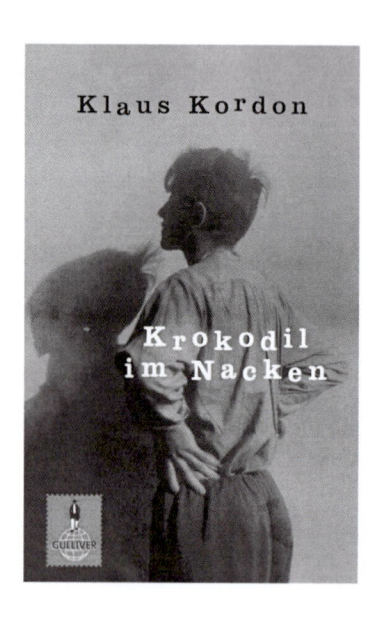

Demnächst erscheint ein Roman für Jugendliche von Grit Poppe unter dem Titel »Weggesperrt«, in dem es um Jugendwerkhöfe geht, streng geführte Heime, in die Jugendliche eingesperrt wurden, und von denen einige schlimmer als Gefängnisse waren.

Zur Auseinandersetzung mit der Staatssicherheit gibt es darüber hinaus eine ganze Fülle guter Bücher, die nicht speziell für Jugendliche geschrieben wurden. Ein frühes Dokument zur Motivation und Tätigkeit einer Inoffiziellen Mitarbeiterin ist das Buch »Geschützte Quelle. Gespräche mit Monika H. alias Karin Lenz«, in dem Katja Havemann und Irena Kukutz ihr Gespräch mit einer Inoffiziellen Mitarbeiterin festgehalten haben, die sie jahrelang bespitzelt hatte. Die jüngst wieder aufgelegten »Vernehmungsprotokolle« des DDR-Dissidenten Jürgen Fuchs aus dessen Haftzeit könnten eine sehr interessante perspektivische Ergänzung zum Film »Das Leben der anderen« sein.

Es gibt eine Fülle guter Spielfilme, von denen hier für junge Menschen einer besonders hervorgehoben werden soll. Der Film »Wie Feuer und Flamme« aus dem Jahr 2002, der erstaunlicherweise in der Öffentlichkeit kaum wahrgenommen wurde, schildert auf spannende und bewegende Weise die Liebesgeschichte zwischen einem jungen Punk aus Ostberlin und einem Mädchen aus West-Berlin in den 1980er-Jahren. Ständig sind sie mit der Realität der Teilung konfrontiert. Die Punk-Gruppe gerät ins Visier der Stasi und wird mit Zersetzungsmaßnahmen auseinandergebracht, das Mädchen aus dem Westen schließlich von allen Kontaktmöglichkeiten abgeschnitten. Neuere Filme wie »Novemberkind«, der von einem jungen Mädchen handelt, das auf der Suche nach der tot geglaubten Mutter eine Reise in die Vergangenheit antritt und mit vielen Aspekten der Repression in der DDR konfrontiert wird, oder der Film »An die Grenze«, der den erschreckenden, von Angst und Langeweile geprägten Alltag eines jungen Grenzsoldaten schildert, zeigen, dass seit »Das Leben der anderen« sehr viele gelungene Filme entstanden sind, die deutlich machen, wie untrennbar die Zumutungen und Beeinträchtigungen der Diktatur mit dem »normalen« Alltag verwoben waren.

Eine generelle Empfehlung ist darüber hinaus, sich gemeinsam mit Eltern oder Lehrkräften auch einmal die teilweise sehr guten DEFA-Filme aus der DDR anzusehen.

Auch bei den Dokumentarfilmen fällt es schwer, einzelne herauszuheben. Als Ergänzung zum »Leben der anderen« sei aber auf den Film »Das Ministerium für Staatssicherheit – Alltag einer Behörde« verwiesen, in dem ehemalige Stasi-Mitarbeiter selbst ihre Arbeit beschreiben und dabei zu verharmlosen suchen, was der Film aber nicht zulässt. Und die traumatisierenden Erfahrungen von Stasi-Haft und Zersetzung für die Betroffenen schildert der Film »Gesicht zur Wand«, den ich ebenfalls sehr empfehlen kann.

Ein gutes Theaterstück aus jüngster Zeit zum Thema »Staatssicherheit« ist das Stück »Akte R«, das anhand einer realen Biografie die Lebenserfahrungen eines jungen Mannes aus der DDR darstellt, der in Stasi-Haft gerät. Interessant ist, dass auch die Begegnung des Mannes mit seinem früheren Vernehmer nach 1990 dargestellt ist. Dadurch wird die Dimension der oft jahrzehntelangen Verdrängung von traumatischen Hafterlebnissen deutlich.

An dieser Stelle einzelne Gesprächspartner zu empfehlen, ist ein Ding der Unmöglichkeit. Generell sollten Jugendliche unbedingt die Möglichkeit haben, mit möglichst vielen Zeitzeugen zur DDR-Geschichte ins Gespräch zu kommen. Dabei ist es wichtig, den Betroffenen Gehör zu geben. Vor allem sollten sie mit den Menschen, die noch die Zeit der sowjetischen Besatzungszone oder der frühen DDR mit ihren offenen Repressionsmaßnahmen erlebt haben, den Kontakt suchen, denn diese werden sich uns nicht mehr lange als Zeugen ihrer Zeit zur Verfügung stellen können.

Nachgefragt bei Wolfgang Thierse

Nennen Sie bitte drei Begriffe oder Eindrücke, die Sie spontan mit der DDR assoziieren, und versuchen Sie zu erklären, warum sich Ihnen gerade diese Assoziationen aufdrängen.

Erstens war die DDR eine SED-Diktatur, zweitens war sie ein engherziges, eingesperrtes und in der Atmosphäre kleinbürgerlich-muffiges Land und, drittens, war sie auch eine Solidargemeinschaft ihrer Bürger gegen den Druck von oben und gegen die Nöte und Sorgen und Mangelerscheinungen des Alltags. Ich habe volle 40 Jahre DDR hinter mir. Aus meiner Erinnerung weiß ich, dass es nicht ausreicht, von der DDR nur zu reden unter der Überschrift *Diktatur* und *Stasi* und sich nicht daran zu erinnern, dass da immer jeweils 16 bis 17 Millionen gelebt haben, und deren Leben ging nicht in Staat und Politik und Bespitzelung auf, sondern sie haben als wirkliche Menschen gelebt mit Intelligenz, mit Witz, mit Mut, mit Feigheit, mit Kompromissen, mit Ängsten, mit Gemeinheiten, wie Leben so ist – nicht nur in einer Diktatur.

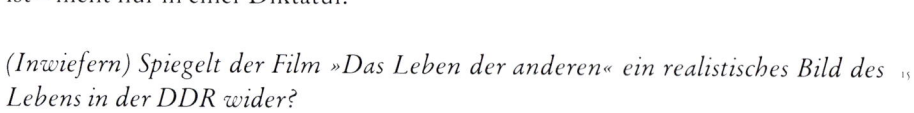

(Inwiefern) Spiegelt der Film »Das Leben der anderen« ein realistisches Bild des Lebens in der DDR wider?

Er gibt kein realistisches Bild des Lebens in der DDR wieder. Allerdings gelingt es dem Regisseur, mithilfe des Films bestimmte Aspekte des Lebens erfahrbar zu machen, die andere Quellen schwerer vermitteln – das Moment von Observierung, Beobachtung, Verfolgung, Unterdrückung, Angst. Aber das ist nur ein Aspekt, den der Film durch die Zuspitzung der Handlung, durch eine Menge

Wolfgang Thierse

Klischees erreicht – um den Preis, dass viele andere Aspekte vollkommen verloren gehen und vollkommen falsch dargestellt werden. Keiner, der in der DDR gelebt hat, glaubt eine Sekunde, dass es möglich gewesen wäre, in einem stinknormalen Haus in der DDR oben im Dach eine Abhörmaschinerie unterzubringen, ohne dass es jemand im Hause gemerkt hätte. So waren die Häuser nicht, die waren nämlich alle ziemlich vergammelt. Realistisch ist das nicht. Eine Geschichte über das wirkliche Leben in der DDR wäre grauer, hässlicher, alltäglicher. Noch die Observierung, noch die Zersetzung von Personen war natürlich kleinteiliger, infamer, jämmerlicher, als es in diesem »Hollywood«-Film überhaupt möglich ist. Das wirkliche Leben in der DDR sind 40 Jahre mühseligen, alltäglichen Lebens. Es war unendlich viel langweiliger. Aber Langeweile kann man so schlecht ins Kino bringen. Man muss dramatisieren. Realistisch ist der Film nicht, wiewohl er einen besonders finsteren Aspekt der DDR-Realität zur Sprache bringt auf eine sehr zugespitzte, dramatisierte Weise.

Inwiefern finden Sie den Film »Das Leben der anderen« gelungen bzw. problematisch oder kritikwürdig?

Er ist insofern gelungen, als er durch klischeehafte Zuspitzung und Dramatisierung diesen Teil der DDR-Realität erfasst, den Teil Beobachtung, Verfolgung, Zerstörung von Menschen, die kritisch oder oppositionell waren. Es ist ein spannender Film, der auch mich aufgeregt hat, weil man ganz viel erinnert, sich auch an seine Geschichte erinnert, ausgelöst durch die Dramatik, die Zuspitzung der Handlung. Der Film ist im besten Sinne des Wortes ein Hollywood-Film, weil er Sehgewohnheiten, die durch amerikanische Filme geprägt sind, bedient. Doch als ich aus dem Kino rausging, dachte ich, eigentlich müsste jetzt ein Film über die wirkliche Stasi-Realität gemacht werden, ein Film, in dessen Zentrum kein Promi-Paar steht, kein privilegiertes Paar, sondern ganz normale, kleine Leute, die von der Stasi behelligt worden sind, weil sie nicht einverstanden waren, weil sie an dieser oder jener Stelle Nein gesagt haben, weil sie widersprochen haben, nicht gejubelt haben. Das wäre dann ein realistischer Film über die DDR. Um es noch deutlicher zu sagen: Ein bisschen erinnert ja die Story der Geschichte an Biermann – nur ein bisschen, die wirkliche Geschichte ist ja anders – und ich erinnere mich daran, dass nach dem Weggang von Biermann einerseits prominente Künstler protestiert haben – hoch verdienstvoll und mutig. Das war unerhört wichtig. Und dass dadurch angesteckt, angestiftet, ermuntert, ermutigt ganz viele unbekannte kleine Künstler, junge Leute, Unterschriften gesammelt haben, widersprochen haben. Die waren Repressionen ausgesetzt, die haben ihren Arbeitsplatz gefährdet. Ich sage das nicht als Kritik: Christa Wolf war weniger gefährdet. Doch die anderen waren die eigentlichen Helden – und über die habe ich mir dann hinterher eine Geschichte gewünscht. Das wäre der Film. Der wäre natürlich nicht mehr so

---

Dr. h. c. Wolfgang Thierse, geboren am 22. Oktober 1943 in Breslau; katholisch; verheiratet, zwei Kinder.
Nach dem Abitur Lehre und Arbeit als Schriftsetzer in Weimar. Ab 1964 in Berlin Studium an der Humboldt-Universität, anschließend wissenschaftlicher Assistent im Bereich Kulturtheorie/Ästhetik der Berliner Universität bis 1975. 1975 bis 1976 Mitarbeiter im Ministerium für Kultur der DDR. 1977 bis 1990 Wissenschaftlicher Mitarbeiter an der Akademie der Wissenschaften der DDR, im Zentralinstitut für Literaturgeschichte.
Bis Ende 1989 parteilos. Anfang Oktober 1989 Unterschrift beim Neuen Forum. Anfang Januar 1990 Eintritt in die SPD; Juni bis September 1990 Vorsitzender der SPD/DDR; Mitglied der Volkskammer vom 18. März bis 2. Oktober 1990, stellvertretender Fraktionsvorsitzender, zuletzt Fraktionsvorsitzender der SPD/DDR. 1990 bis 2005 stellvertretender Vorsitzender der SPD.
Mitglied des Bundestages seit 3. Oktober 1990; 1990 bis 1998 stellvertretender Vorsitzender der SPD-Fraktion; Oktober 1998 bis Oktober 2005 Präsident und seit 18. Oktober 2005 Vizepräsident des Deutschen Bundestages.
(Aus: www.bundestag.de)

à la Hollywood, der würde wahrscheinlich auch viel weniger erfolgreich sein, der würde vielmehr eine Art dokumentarischer Film sein müssen. Aber das habe ich mir gewünscht beim Rausgehen aus dem Kino.

Angesichts der verblassenden Erinnerung an die DDR wird seit einiger Zeit darüber diskutiert, wie ein fairer Umgang mit der DDR und ihrer Geschichte aussehen kann. Ermöglicht der Film »Das Leben der anderen« Ihrer Meinung nach einen fairen bzw. differenzierten Umgang mit der DDR-Geschichte?

Weder einen fairen, noch einen differenzierten, aber er ist natürlich eine Provokation, die daran erinnert, dass die DDR auch ein Stasi-Staat war, auch ein richtiger Unterdrückungsstaat. Diejenigen, die schon überzeugt sind, dass die DDR ein SED- und Stasi-Staat war, fühlen sich bestätigt und die anderen werden sich eher dagegen wehren, dass ihr Leben in einer solch einseitigen Weise verzerrt dargestellt wird, weil sie sagen: Unser Leben war doch ganz anders. Schau, die Stasi war da, aber sie hat unser Leben nicht in so dramatischer Weise behelligt. Das ist eher die Erfahrungswelt einer kleinen Minderheit gewesen.

Der Unterricht in der Schule wird die Erinnerung an die DDR entscheidend prägen. Verraten Sie uns Ihren persönlichen Wunsch für die Zukunft: Woran sollten sich künftige Generationen erinnern, wenn sie – z. B. in 20 Jahren am Tag der Deutschen Einheit oder am Tag des Mauerfalls – an die DDR denken? Was sollten sie nicht vergessen?

Sie sollten etwas wissen über das Wesen der DDR, die ihrem eigenen Selbstverständnis nach eine Diktatur war. Sie war der Versuch, ein kommunistisches System zu verwirklichen, Gerechtigkeit unter Preisgabe und Opferung der Freiheit zu verwirklichen, ein System, das Mangelwirtschaft erzeugt hat. Aber sie sollten auch wissen, was die Vorgeschichte dieses Systems gewesen ist, dass man Kommunismus nicht begreift, ohne etwas über Faschismus und Kapitalismus zu wissen. Denn es war der Versuch einer Antwort auf die Erfahrung brutaler Ungerechtigkeit. Aus Erfahrung von massiver Ungerechtigkeit ist die kommunistische Idee entstanden und sie hat zu neuer Unfreiheit und zum wirtschaftlichen Desaster geführt. Es ist ein missratener und unter entsetzlichen Opfern missglückter Versuch gewesen. Deshalb muss man wissen, was für ein kostbares Gut Freiheit ist, dass die politische Lebensform der Freiheit die Demokratie ist und dass *eine* der Grundlagen der Demokratie Gerechtigkeit ist. Diesen fundamentalen Zusammenhang muss man begreifen – anhand von Lebensgeschichten und von Erfahrungen.

Es reicht nicht, über die DDR zu reden als Diktatur, als Unrechtsstaat, als Mangelwirtschaft, sondern man muss auch über sie reden als vielfältig gelebtes Leben, als Solidargemeinschaft. Man muss darüber reden, dass bestimmte Prägungen in ihr entstanden sind. Ich wünsche mir beides. Denn so, wie man über den Faschismus nicht genügend weiß, wenn man nur die Lehrsätze über ihn aufsagen kann, die wir in der DDR über ihn gelernt haben, so weiß ich auch über die DDR zu wenig, solange ich nicht weiß, woher die Idee kommt, was ihre ursprüngliche Faszinationskraft ausgemacht hat und welche Mechanismen der Identifikation dafür gesorgt haben, dass Anpassung massenhaft stattgefunden hat.

Wer in der DDR gelebt hat, hat einen Erfahrungsvorsprung vor denjenigen, die nicht in der DDR gelebt haben. Welche Erfahrungen vom Leben in der DDR halten Sie für so wichtig, dass sie nicht vergessen werden sollten?

Die Erfahrung von Unfreiheit, die Erfahrung, wohin es führt, wenn der Versuch gemacht wird, Gerechtigkeit unter Preisgabe der Freiheit verwirklichen zu wollen, und sich daran zu erinnern, dass diese Systemidee mit der massenhaften Erfahrung von Ungerechtigkeit zu tun hat. Diese Unfreiheitserfahrungen und den elementaren Zusammenhang von Freiheit und Gerechtigkeit, das ist – kurz gesagt – die Summe meiner biografischen Erfahrungen in der DDR.

Würden Sie Schülern »Das Leben der anderen« als Quelle empfehlen, um sich ein Bild vom Leben in der DDR zu machen? Welches Buch, welchen Film, welches Theaterstück, welche Dokumentation, welchen Gesprächspartner, ... würden Sie Schülern empfehlen, die sich heute ein Bild vom Leben in der DDR machen wollen?

Es würde nicht reichen, diesen Film allein zu empfehlen. Man müsste ihn mit anderen Filmen und anderer Literatur kombinieren, um die unausweichliche Einseitigkeit dieses Films auszugleichen. Einen Film wie »Good Bye, Lenin!« halte ich in bestimmter Weise für besser, weil dort in einer Komödie viel mehr von den Alltagsrealitäten, den Absurditäten, den Lächerlichkeiten der DDR, den Ängsten, den Anpassungen, den Unterwerfungen sichtbar wird. Vielleicht sollte man beide Filme miteinander kombinieren und dann im Gespräch über diese beiden Aspekte reden: Diktatur, die immer zu ihrem Funktionieren Angst, Anpassung und Unterwerfung braucht – das Menschenrecht auf Kompromiss, Angst, Anpassung. Diese Zusammenhänge müssten geschildert werden.

Wenn man nur den Film »Das Leben der anderen« zeigt, dann können junge Leute überhaupt nicht verstehen, wieso ihre Eltern oder Großeltern in diesem Land 40 Jahre gelebt haben können. Es ist dann unvorstellbar. Aber es ist dort 40 Jahre lang gelebt worden. Und das muss ich verständlich machen, indem ich »Good Bye, Lenin!« zeige, indem ich Bücher von Ingo Schulze, Uwe Tellkamp, Günter de Bruyn und vielen anderen hinzuziehe.

Texte . Medien
Wirkung

Nachgefragt bei Katrin Göring-Eckardt

Nennen Sie bitte drei Begriffe oder Eindrücke, die Sie spontan mit der DDR assoziieren, und versuchen Sie zu erklären, warum sich Ihnen gerade diese Assoziationen aufdrängen.

Geborgenheit im Elternhaus: Die DDR war ein graues Land, sie verlangte Anpassung und strafte alles Unangepasste ab. Dennoch gab es natürlich die Momente des Glücks und der Freude. Der Alltag in der Diktatur konnte auch bunt sein, meistens in den kleinen Nischen, die Familie und Freundeskreis boten.

Mauern: Es gab sichtbare und unsichtbare Mauern. Natürlich drängt sich die Grenze mit ihren fürchterlichen »Selbstschussanlagen« als erster Gedanke auf. Doch es gab auch Mauern des Schweigens; Mauern, die Freiheit zu einem fremden Wort machten: Was darf ich sagen? Wie muss ich mich verhalten? Eckte man an diesen Mauern an oder versuchte gar sie zu überwinden, drohte die Staatsmacht mit allen ihren Mitteln der Einschüchterung. In der Schule konnte das eine Versetzung bedeuten oder die Verweigerung des Abiturs, in der Hochschule die Exmatrikulation, im Arbeitsleben fehlende Aufstiegsmöglichkeiten. Schlimmstenfalls drohte »Zersetzung« oder Gefängnis, ganz zu schweigen von den Toten an der Grenze und in den Gefängnissen der frühen DDR.

Kerzen: Die Kraft von zigtausenden Kerzen leitete mit der Botschaft »Keine Gewalt« das Ende eines bankrotten Regimes ein. Auf alles waren die Machthaber vorbereitet, aber auf diese Art des Massenprotests fand die SED keine Antwort mehr.

(Inwiefern) Spiegelt der Film »Das Leben der anderen« ein realistisches Bild des Lebens in der DDR wider?

Jeder Mensch wird das Bild der DDR rückblickend ein wenig anders zeichnen. Während für die einen ganz persönliche Glücksmomente in Familie oder Beruf maßgeblich sind beim Rückblick auf das Land, wiegt für andere das wiederum ganz persönlich erlittene Unrecht schwerer.

»Das Leben der anderen« zeigt eine für viele Menschen sehr prägende Facette der DDR, die des zynischen, rechtsfreien und menschenverachtenden Überwachungsapparates. Der Film macht deutlich, wie all diejenigen, die sich der Stromlinienförmigkeit einer vermeintlichen »sozialistischen Persönlichkeit« widersetzten, mit dem Terror der Stasi konfrontiert wurden. Menschen wurden so zu feindlichen »Elementen«; das Ziel war die flächendeckende Überwachung.

Katrin Göring-Eckardt

Katrin Göring-Eckardt, geboren 1966 in Friedrichroda (Thüringen), ist evangelisch, verheiratet und hat zwei Söhne. Nach Abitur und Theologiestudium wurde sie 1989 Gründungsmitglied von »Demokratie jetzt« und »Bündnis 90«. 1994 wurde sie Mitarbeiterin in der Thüringer Landtagsfraktion von »Bündnis 90/Die Grünen«, seit 1998 ist sie Bundestagsabgeordnete. Seit 2007 bekleidet sie das Amt der Vizepräsidentin des Deutschen Bundestages, seit 2009 ist sie Präses der Synode der Evangelischen Kirche in Deutschland (EKD).

»Das Leben der anderen« konzentriert sich auf die Menschen, die in diesem maßlosen Kontrollsystem mitspielen – oder auch aussteigen. Inwieweit der Ausstieg des von Ulrich Mühe so überzeugend gespielten Protagonisten realistisch ist, darüber mag man streiten. Fakt ist jedoch, das gerade in den letzten Jahren der DDR auch »Funktionsträger« erkannt haben, dass sie statt Idealen nur noch einer entrückten Clique von Funktionären dienten.

Nicht unerwähnt bleiben sollte, dass sich viele beim Schauen des Films geärgert haben, dass manche Details nicht genau das Leben in der DDR spiegeln. Aber genau diese Detailkritik zeigt, dass es sich eben weder um eine Dokumentation noch um eine Verklärung handelt. Der Film zeigt Realität mit Mitteln der Kunst. Das ist gut.

Inwiefern finden Sie den Film »Das Leben der anderen« gelungen bzw. problematisch oder kritikwürdig?

»Das Leben der anderen« ist ein gelungenes Beispiel dafür, wie ein Thema, über das manche Menschen aus verschiedenen Gründen ungern sprechen bzw. das eher mit anonymen Aktenbergen verbunden wird, einer breiten Öffentlichkeit zugänglich gemacht wird. Der Film zeigt, dass auch ein perfider Macht- und Unterdrückungsapparat wie die Stasi nur durch Menschen funktionier(e) und dass es auch in der Diktatur nicht möglich ist, schlicht zwischen »gut« und »böse« zu unterscheiden.

»Das Leben der anderen« ist ein Spielfilm und es ist das gute Recht des Regisseurs, eine fiktive Handlung dafür zu wählen. Vielleicht gab es nicht allzu oft die Wandlung vom Saulus zum Paulus, doch das ist keine Weichzeichnung von Geschichte, wie manche unterstellen. Die Stasi sollte Menschen zersetzen und kleinhalten – und es gibt verschiedene Wege, diese perfide Aufgabe filmisch zu transportieren. Die Umsetzung von Florian Henckel von Donnersmarck ist nicht die schlechteste.

Angesichts der verblassenden Erinnerung an die DDR wird seit einiger Zeit darüber diskutiert, wie ein fairer Umgang mit der DDR und ihrer Geschichte aussehen kann. Ermöglicht der Film »Das Leben der Anderen« Ihrer Meinung nach einen fairen bzw. differenzierten Umgang mit der DDR-Geschichte?

Es gibt mittlerweile ja einige Filme und Bücher, die sich mit dem Leben in der DDR befassen. »Das Leben der anderen« darf dabei als eines der gelungenen Beispiele einer solchen Darstellung gelten. Der Film erzielte überwältigende Erfolge an den Kinokassen, was aber noch viel wichtiger ist: Er eröffnete erstmals eine breite Diskussion über dieses dunkle Kapitel unserer Vergangenheit.

Er verzichtet dabei auf Schwarz-Weiß-Überzeichnungen, die der Realität niemals gerecht werden können. 160 Kilometer Stasi-Akten mögen eine beeindruckende Zahl sein, doch lebendig wird das Perfide des MfS erst durch den Blick auf einzelne Schicksale. Insofern ist der Film eine gute Grundlage für die Diskussion über den der SED dienenden Stasi-Machtapparat. Er beleuchtet *einen* Aspekt der DDR, doch für einen »fairen« Umgang braucht es natürlich mehr. Vor allem braucht es das offene Gespräch mit Zeitzeugen, die oftmals mit verschiedenen Erfahrungshintergründen ein realistisches Bild der DDR aufzeigen können.

Der Unterricht in der Schule wird die Erinnerung an die DDR entscheidend prägen. Verraten Sie uns Ihren persönlichen Wunsch für die Zukunft: Woran sollten sich künftige Generationen erinnern, wenn sie – z. B. in 20 Jahren am Tag der Deutschen Einheit oder am Tag des Mauerfalls – an die DDR denken? Was sollten sie nicht vergessen?

Ich wünsche mir, dass nicht nur am Tag der Deutschen Einheit oder am Tag des Mauerfalls darüber nachgedacht wird, was die DDR bedeutete und was wir aus ihrem Scheitern lernen können. Nicht zuletzt in den Schulen, wo das Thema bisher leider eine eher untergeordnete Rolle gespielt hat.

Wichtig ist mir dabei vor allem, dass wir dieses Thema nicht weiter verdrängen – oder gar die DDR »weichzeichnen«. In der DDR herrschten allzu oft Unrecht und Willkür, heute grundlegende Freiheiten existierten schlicht nicht und auch manche von heute schöngeredeten »sozialen Errungenschaften« entpuppen sich beim genaueren Blick in ein DDR-Krankenhaus oder Altersheim als ganz und gar nicht erstrebenswert.

Wenn wir im Jahr 2029 auf das Jahr 1989 zurückblicken, dann wünsche ich mir, dass wir uns an den Mut erinnern, an die Überwindung der Angst und den Kampf für eine freiere, ökologischere und aufrichtigere Gesellschaft – und dass wir uns fragen, welche Bedeutung die demokratischen Impulse von damals für heute haben.

Welches Buch, welchen Film, welches Theaterstück, welche Dokumentation, welchen Gesprächspartner, … würden Sie Schülern empfehlen, die sich heute ein Bild vom Leben in der DDR machen wollen?

Ilko-Sascha Kowalczuk: Endspiel. Die Revolution von 1989 in der DDR

Nachgefragt bei Vera Lengsfeld

Nennen Sie bitte drei Begriffe oder Eindrücke, die Sie spontan mit der DDR assoziieren, und versuchen Sie zu erklären, warum sich Ihnen gerade diese Assoziationen aufdrängen.

eng – autoritär – bedrückend

Die DDR war eine Diktatur von Anfang bis zum Ende. Zum Schluss sind ihr die Bürger massenhaft unter Zurücklassung von Familie, Freunden und Besitz davongelaufen. Ihnen war die Ungewissheit lieber als die Aussicht, weiter in diesem bedrückenden System bleiben zu müssen. Dass die Menschen versucht haben, sich ihr Leben so schön wie möglich zu gestalten, und damit auch erfolgreich waren, hatte nichts mit dem System zu tun, sondern passierte trotz des Systems.
   Also kann man durchaus schöne Erinnerungen an die Zeit in der DDR haben, deshalb war der Staat nicht weniger diktatorisch.

(Inwiefern) Spiegelt der Film »Das Leben der anderen« ein realistisches Bild des Lebens in der DDR wider?

Der Film spiegelt das Leben in der DDR sehr genau wider. Symbolisch ist die Geburtstagsfeier. Für die Festgemeinschaft war sie ein schönes Erlebnis, aber die Staatssicherheit hörte immer mit. Mindestens ein Gast war bereits von seiner Last so gezeichnet, dass ihm Resignation und Tod bereits ins Gesicht geschrieben waren, auch wenn die meisten Gäste es nicht bemerkt haben.

Inwiefern finden Sie den Film »Das Leben der anderen« gelungen bzw. problematisch oder kritikwürdig?

Der Film ist sehr gelungen und äußerst verdienstvoll. Mit diesem Film wurde die Diktaturgeschichte der DDR wieder auf die Tagesordnung gesetzt.

Angesichts der verblassenden Erinnerung an die DDR wird seit einiger Zeit darüber diskutiert, wie ein fairer Umgang mit der DDR und ihrer Geschichte aussehen kann. Ermöglicht der Film »Das Leben der anderen« Ihrer Meinung nach einen fairen bzw. differenzierten Umgang mit der DDR-Geschichte?

Einen »fairen« Umgang mit der Geschichte der DDR kann es nur geben, wenn die Tatsache, dass es sich um eine Diktatur handelte, die das Leben der Menschen von der Wiege bis zur Bahre vorschrieb, nicht ausgeblendet wird. Insofern ist der

---

Texte • Medien
Wirkung

Vera Lengsfeld

Vera Lengsfeld
1952 im thüringischen Sondershausen geboren, zieht sie als Kind mit ihren Eltern nach Berlin-Lichtenberg, wo die Staatssicherheit ihr Hauptquartier hat. Ihr Vater arbeitet dort als Offizier für die Hauptverwaltung Aufklärung. […]
Mit 16 Jahren erlebt sie das SED-Regime von seiner schlimmsten Seite. Sie verliebt sich in den Sohn des jugoslawischen Handelsattachés. Jugoslawen gelten seit ihrer Abwendung von Moskau als »kapitalistische Elemente«. Veras Eltern werden eingeschaltet. Die Liebe zu ihrem Freund darf nicht sein. Sie müssen sich trennen.
Weil sie die SED für reformierbar hält, wird Vera Lengsfeld Mitglied – ein Irrtum, wie sich bald herausstellt. Als Studentin des Marxismus-Leninismus bringt sie zwar hervorragende Leistungen, aber zugleich vertritt sie abweichende Meinungen am laufenden Band. […]

Film sehr fair, vor allem denen gegenüber, die sich gewehrt haben und die dafür manchmal teuer bezahlen mussten. Eine Schauspielerin konnte noch so gut sein. Wenn ein Bonze ein Auge auf sie geworfen hatte, musste sie mit ihm ins Bett, oder ihre Karriere war vorbei. Das war auf allen Ebenen so.

Der Unterricht in der Schule wird die Erinnerung an die DDR entscheidend prägen. Verraten Sie uns Ihren persönlichen Wunsch für die Zukunft: Woran sollten sich künftige Generationen erinnern, wenn sie – z. B. in 20 Jahren am Tag der Deutschen Einheit oder am Tag des Mauerfalls – an die DDR denken? Was sollten sie nicht vergessen?

Dass Freiheit der höchste Wert ist. Mit dem Mauerfall haben die Menschen sich ihre Freiheit genommen. Alles andere war nur eine Folge.

Würden Sie Schülern »Das Leben der anderen« als Quelle empfehlen, um sich ein Bild vom Leben in der DDR zu machen? Welches Buch, welchen Film, welches Theaterstück, welche Dokumentation, welchen Gesprächspartner, ... würden Sie Schülern empfehlen, die sich heute ein Bild vom Leben in der DDR machen wollen?

Ich kann den Film nur wärmstens empfehlen. Als Ergänzung dazu kann ich mein Buch »Mein Weg zur Freiheit« empfehlen. Von allen Rezensenten wurde mir bescheinigt, dass es kurzweilig geschrieben ist, mit einem gewissen Humor, ohne Hass, und ein genaues Bild vom Leben in der DDR von den 60er- bis zu den 80er-Jahren gibt. Für Schüler müssten besonders der Anfang, meine Jugendzeit und das Kapitel »Die Ossietzky-Affäre«, das von den Schulerlebnissen meines Sohnes handelt, interessant sein.

Die eigenwillige junge Frau, die nach dem Studium als Mitarbeiterin der Akademie der Wissenschaften und als Lektorin im Verlag Neues Leben tätig ist, lässt sich nicht vereinnahmen, auch nicht durch Parteiausschluss sowie Berufs- und Reiseverbot. […] Sie ist eine der aktivsten Oppositionellen. 1988 landet sie im Stasi-Gefängnis Berlin-Hohenschönhausen, aus dem sie mit ihren beiden Kindern nach England abgeschoben wird. […] 1981 hat die Bürgerrechtlerin mit anderen in Berlin einen der ersten Friedenskreise in der DDR gegründet. An der Seite ihres Freundes Knud Wollenberger plant sie Aktionen gegen das Regime. Die beiden ziehen zusammen und heiraten. Dass Wollenberger Stasi-Spitzel ist, erfährt seine Frau erst im Dezember 1989.
(Aus: Hermann Vinke: Die DDR, Ravensburg 2008, S. 240)

Wort- und Sacherläuterungen

S. 7   *Treatment* Kurzform eines Drehbuchs.

S. 7   *Stasi* Umgangssprachliche Abkürzung für »Ministerium für Staatssicherheit« der DDR (MfS), der Inlands- und Auslandsgeheimdienst der DDR und gleichzeitig Ermittlungsbehörde für »politische Straftaten«.

S. 8   *konterrevolutionär* Konterrevolution: politische Gegenbewegung gegen eine von einer sozialistischen Revolution eingesetzte Regierung.

S. 10   *»Appassionata«* Klaviersonate Nr. 23 in f-Moll op. 57 von Ludwig van Beethoven (1770–1827).

S. 10   *Pectoralis* Teil der lateinischen Bezeichnung für die beiden Brustmuskeln des Menschen.

S. 10   *Emil Gilels* Russischer Pianist (1916–1985).

S. 10   *Mondschein-Sonate* Die Klaviersonate Nr. 14 op. 27 Nr. 2 in cis-Moll von Ludwig van Beethoven (1770–1827).

S. 10   *Gorki* Maxim Gorki (1868–1936), russischer Schriftsteller.

S. 10   *Lenin* Wladimir Iljitsch Uljanow, Kampfname Lenin (1870–1924), kommunistischer Politiker, marxistischer Theoretiker, gilt als Begründer der Sowjetunion.

S. 10   *Ideologie* Geschlossenes System weltanschaulicher Leitbilder, Werte, Anschauungen.

S. 10   *Halbnahe* Kameraeinstellung.

S. 11   *Gage* Bezahlung für Schauspieler.

S. 11   *Phantomschmerz* Die Empfindung, amputierte oder fehlende Gliedmaßen seien immer noch am bzw. im Körper vorhanden und schmerzten.

S. 19   *Defätist* Jemand, der allgemein anerkannten Werten, der vorherrschenden Meinung oder einer offiziellen politischen Doktrin gegenüber negativ eingestellt ist.

S. 19   *Voyeur* Jemand, der durch das heimliche Beobachten (hauptsächlich sexueller Vorgänge) sexuelle Befriedigung sucht.

S. 19   *Repression* Unterdrückung.

S. 23   *Gauck-Behörde* Abkürzende Bezeichnung für die »Behörde der Bundesbeauftragten für die Unterlagen des Staatssicherheitsdienstes der ehemaligen Deutschen Demokratischen Republik« (BStU), benannt nach deren erstem Leiter Joachim Gauck. Die Gauck-Behörde wurde von den Mitgliedern der Bürgerkomitees und Freiwilligen der Bürgerrechtsbewegung im Zuge der friedlichen Revolution von 1989 erkämpft und zur Sicherung der Unterlagen des Staatssicherheitsdienstes der DDR eingerichtet.

S. 28   *Ästhetik* Lehre von den Gesetzmäßigkeiten und Grundlagen des Schönen und des Harmonischen in Natur und Kunst.

Texte · Medien

S. 28 *klaustrophobisch* Von Klaustrophobie: krankhafte Angst vor dem Aufenthalt in geschlossenen Räumen.

S. 32 *Melodram* Pathetisches, überdreht dramatisches und leidenschaftliches Bühnenstück (oder Film).

S. 32 *fiktional* Auf Fiktion (Ausgedachtem, Nicht-Wirklichem) beruhend.

S. 32 *Ingredienzien* Zutaten, Bestandteile.

S. 33 *implizit* Mit enthalten, mit gemeint.

S. 33 *Contenance* Haltung, Fassung.

S. 33 *Technokrat* Jemand, der sein Denken und Handeln völlig an den Zwängen der Technik ausrichtet.

S. 33 *Sonate* Instrumentalstück für ein oder mehrere Musikinstrumente.

S. 33 *Modi* Plural von Modus (lat.): Art und Weise.

S. 33 *Loyalität* Treue zu jemandem, einer Regierung oder einer Verpflichtung.

S. 33 *totalitär* Alles allumfassend kontrollierend und sich unterwerfend.

S. 34 *Affekte* Gefühle.

S. 35 *Deutscher Idealismus* Bezeichnung für eine Richtung in der Geschichte der Philosophie (ca. 1781–1831), deren Vertreter das objektiv Wirkliche als Idee, d. h. als Anschauungsformen des Geistes, der Vernunft bestimmen.

S. 35 *Solschenizyn* Alexander Issajewitsch Solschenizyn, russischer Schriftsteller und Dramatiker (1918–2008).

S. 36 *paradox* Widersinnig, einen Widerspruch enthaltend.

S. 36 *Epilog* Schlussrede, Nachwort, Nachspiel in einem Drama.

S. 38 *SBZ* Sowjetische Besatzungszone.

S. 38 *SMAD* Sowjetische Militäradministration in Deutschland.

S. 38 *Kanon* Verbindliche Auswahl von Werken und Autoren.

S. 38 *ZK* Zentralkomitee.

S. 39 *systemimmanent* Innerhalb der Grenzen des Systems bleibend.

S. 39 *proklamieren* etwas feierlich öffentlich erklären, verkünden.

S. 39 *Appell* Aufruf.

S. 42 *Brigade* Arbeitsgruppe in Betrieben.

S. 42 *Kollektiv* Produktionsgemeinschaft in sozialistischen Ländern.

S. 42 *Plenum* Versammlung der Mitglieder eines Parlaments.

S. 43 *Dialektik* Lehre von der gesellschaftlichen und ökonomischen Entwicklung und der ihr innewohnenden Widersprüchlichkeit.

S. 43 *negieren* Verneinen, ablehnen.

S. 43 *Skeptizismus* Philosophische Richtung, nach der der Zweifel das Prinzip des Denkens bildet. Der Skeptizismus stellt die Möglichkeit einer gesicherten Erkenntnis der Wahrheit infrage oder schließt sie ganz aus.

S. 43 *Stalinismus* Unter Josef Stalin (1878–1953) entwickelte dogmatische, auch innenpolitisch Gewalt und Terror ausübende Form des Marxismus-Leninismus.

S. 44 *rehabilitieren* Jemandes Ehre und soziales Ansehen wiederherstellen.
S. 44 *Erosion* Aushöhlung, Verfall.
S. 45 *subversiv* umstürzlerisch, zerstörerisch (für die bestehende Ordnung).
S. 45 *Bautzen* Hier: Bezeichnung für ein Gefängnis, in dem in der DDR Regime-Gegner inhaftiert waren.
S. 46 *Potsdamer Abkommen* Ergebnis einer Konferenz der Siegermächte zur politischen und geografischen Neuordnung Deutschlands, das dessen Entmilitarisierung, die Höhe der zu zahlenden Reparationen und den Umgang mit deutschen Kriegsverbrechern bestimmte.
S. 48 *17. Juni 1953* Wegen einiger Beschlüsse der SED-Führung, die unter anderem eine starke Erhöhung der Arbeitsnormen sowie den Ausschluss einer Wiedervereinigung Deutschlands enthielten, kam es am 17. Juni 1953 zu einem Aufstand in der DDR. Die Streiks und Proteste wurden von der politischen Führung gewaltsam niedergeschlagen.
S. 52 *Ernst Thälmann* Thälmann (1886–1944) war 1925–1933 Vorsitzender der Kommunistischen Partei Deutschlands. 1933 wurde er von der Gestapo verhaftet und nach elf Jahren im KZ Buchenwald ermordet.
S. 54 *polemisch* Unsachlich, übertrieben, scharf.
S. 54 *Dissident* Andersdenkender, Abweichler.
S. 54 *bolschewistisch* abwertend für ›sozialistisch, kommunistisch‹.
S. 55 *Groteske* Darstellung, die verzerrt und das Absonderliche betont.
S. 55 *surreal* Unwirklich, (alb-)traumhaft.
S. 55 *Mielke* Erich Mielke (1907–2000) war ab 1957 Minister für Staatssicherheit der DDR und somit einer der Hauptverantwortlichen für das flächendeckende Überwachungssystem.
S. 55 *Klaviatur* Gesamtheit der Tasten (eines Klaviers).
S. 55 *Humanismus* Menschlichkeit, Achtung der Menschenwürde.
S. 56 *sadistisch* Freude am Quälen empfindend, wollüstig grausam.
S. 56 *Pamphlet* Beleidigende, unsachliche Abhandlung, Schmähschrift.
S. 56 *manieriert* Gekünstelt, unnatürlich.
S. 56 *authentisch* Echt, glaubwürdig.
S. 57 *dilettieren* Etwas unprofessionell, ohne fachliche Ausbildung betreiben.
S. 57 *denunzieren* Aus niedrigen Beweggründen verraten, anzeigen.
S. 59 *Scherge* Henkersknecht, käuflicher Verräter.
S. 59 *Markus Wolf* Wolf (1923–2006) war 34 Jahre lang Leiter der Hauptverwaltung Aufklärung (HVA), dem Auslandsnachrichtendienst im Ministerium für Staatssicherheit (MfS) der DDR.
S. 59 *deformation professionelle* Berufsbedingte negative Veränderung, Entstellung, Verunstaltung.
S. 59 *vulgo* Gewöhnlich, gemeinhin.
S. 60 *kommod* Bequem, angenehm.

S. 60 *Büttel* Gerichtsdiener, Ordnungshüter.
S. 61 *Pasquill* Spott-, Schmähschrift.
S. 61 *Politbüro* Höchstes Führungsgremium kommunistischer Parteien.
S. 61 *Slapstick* Komischer, grotesker Gag, Situationskomik.
S. 62 *komplementär* Ergänzend.
S. 62 *Tschekist* Mitglied der »Außerordentlichen Allrussischen Kommission zur Bekämpfung von Konterrevolution, Spekulation und Sabotage«.
S. 63 *Bonze* Abwertend für einflussreiche Personen in Wirtschaft oder Politik.
S. 63 *renitent* Widerspenstig, aufsässig.
S. 63 *melancholisch* Schwermütig, trübsinnig.
S. 63 *metaphorischer Hyperrealismus* Bildliche Übersteigerung der Realität.
S. 63 *Parabel* Lehrhafte, gleichnishafte Erzählung, Gleichnis.
S. 63 *persiflieren* Etwas oder jemanden geistreich verspotten.
S. 65 *Schmonzette* Rührseliges, dramatisch wertloses Stück.
S. 66 *Veteran* Teilnehmer an einem (vergangenen) Krieg oder Feldzug.
S. 66 *dramaturgisch* Die Bauformen und Strukturen eines Dramas und seiner künstlerischen Umsetzung auf der Bühne betreffend.
S. 66 *Nomenklatura* Gesamtheit (der Inhaber) der Führungspositionen.
S. 66 *Kolportage* Auf Spannung und billige Effekte zielender Bericht, Gerücht.
S. 77 *Monopol* Alleiniges Vorrecht, alleiniger Anspruch.
S. 78 *perfide* Hinterhältig, hinterlistig, tückisch.
S. 82 *Observierung* Planmäßige Überwachung.

Literaturtipps

Falck, Marianne: Das Leben der anderen. Filmheft. Hrsg. von der Bundeszentrale für politische Bildung. Bonn 2006.
Janka, Walter: Schwierigkeiten mit der Wahrheit. Reinbek bei Hamburg: Rowohlt 1989.
Judt, Matthias (Hrsg.): DDR-Geschichte in Dokumenten. Berlin: Christoph Links Verlag 1998.
40 Jahre DDR ... und die Bürger melden sich zu Wort. Bärbel Bohley, Jürgen Fuchs, Katja Havemann, Rolf Henrich, Ralf Hirsch, Reinhard Weißhuhn u. a. Frankfurt/M./München: Büchergilde Gutenberg/Carl Hanser 1990.
Vinke, Hermann: Die DDR. Eine Dokumentation mit zahlreichen Biografien und Abbildungen. Mit einem Vorwort von Wolfgang Thierse. Ravensburg: Ravensburger Buchverlag Otto Maier 2008.
Weber, Christian: Ich bleibe! Alltag in der DDR. Stuttgart: Quell Verlag 1989.
Wolf Biermann und andere Autoren: Die Ausbürgerung. Anfang vom Ende der DDR. Hrsg. von Fritz Pleitgen. Berlin: Ullstein Berlin Verlag 2001.

Textquellen

Ackermann, Michael: Exilliteratur 1933–45. Migration und Deutschunterricht. Frankfurt/M.: Peter Lang 2004. S. 18 f., 25.
Aufruf der Jugendbrigade »Nikolai Mamai«, 1959. Zit. nach: Matthias Judt (Hrsg.): DDR-Geschichte in Dokumenten. 2. Aufl. Berlin: Christoph Links Verlag 1998. S. 321.
Biermann, Wolf: [Zitate auf S. 5 und S. 19.] Aus: W. B.: Die Gespenster treten aus dem Schatten. »Das Leben der anderen«: Warum der Stasi-Film eines jungen Westdeutschen mich staunen lässt. Aus: DIE WELT vom 22. 3. 2006. S. 29.
Biermann, Wolf: [Die Kosten-Nutzen-Rechnung der SED.] Aus: Fritz Pleitgen (Hrsg.): Wolf Biermann und andere Autoren. Die Ausbürgerung. Anfang vom Ende der DDR. Berlin: Ullstein 2001. S. 50 f.
Biermann, Wolf: Solidarische Kritik. Aus: Fritz Pleitgen (Hrsg.): Wolf Biermann und andere Autoren. Die Ausbürgerung. Anfang vom Ende der DDR. Berlin: Ullstein 2001. S. 25, 33, 53, 56 f., 62 f., 70.
Biermann, Wolf: Die Gespenster treten aus dem Schatten. »Das Leben der anderen«: Warum der Stasi-Film eines jungen Westdeutschen mich staunen lässt. Aus: DIE WELT vom 22. 3. 2006.
Bohley, Bärbel: Vierzig Jahre Warten. Aus: 40 Jahre DDR ... und die Bürger melden sich zu Wort. Frankfurt/M.: Büchergilde Gutenberg 1989. S. 5–11, hier S. 8–11.
Brussig, Thomas: Klaviatur des Sadismus: Die DDR in »Das Leben der anderen«. Aus: Süddeutsche Zeitung vom 21. 3. 2006.
Brussig, Thomas: [Gedächtnis und Erinnerung.] Aus: Th. B.: Am kürzeren Ende der Sonnenallee. Frankfurt/M.: Fischer 2001. S. 156 f.
Falck, Marianne: Das Leben der anderen. Filmheft. Hrsg. von der Bundeszentrale für politische Bildung. Bonn 2006.
Finger, Evelyn: Die Bekehrung. »Das Leben der anderen«: Florian Henckel von Donnersmarck setzt mit seinem Film über die DDR Maßstäbe. Aus: DIE ZEIT vom 23. 3. 2006.
Gedeck, Martina: [Fiktionale Geschichten ...] Aus: www.stern.de vom 12. 2. 2007.
Georg, 42 Jahre, Berlin: [Ein Stückchen Idealismus.] Aus: 40 Jahre DDR ... und die Bürger melden sich zu Wort. Frankfurt/M.: Büchergilde Gutenberg 1989. S. 72–83, hier S. 73 f.
Gieseke, Jens: Der traurige Blick des Hauptmanns Wiesler. Ein Kommentar zum Stasi-Film »Das Leben der anderen«. Aus: Zeitgeschichte-online. Zeitgeschichte im Film, April 2006. http://www.zeitgeschichte-online.de/zol/portals/_rainbow/documents/pdf/gieseke_lbda.pdf.
Henckel von Donnersmarck, Florian: »Appassionata«: Die Filmidee. Aus: F. H. v. D.: Das Leben der anderen. Filmbuch. Mit Beiträgen von Sebastian Koch, Ulrich Mühe und Manfred Wilke. Frankfurt/M.: Suhrkamp 2006. S. 169 f.
Henckel von Donnersmarck, Florian: »Das Leben der anderen«. Dramatis Personae. Aus: F. H. v. D: Das Leben der anderen. Filmbuch. Mit Beiträgen von Sebastian Koch, Ulrich Mühe und Manfred Wilke. Frankfurt/M.: Suhrkamp 2006. S. 10 f.
Honecker, Erich: Bericht des Politbüros an das 11. Plenum des ZK der SED im Dezember 1965. Aus: Neues Deutschland vom 16. 12. 1965. S. 5 f.
Hübchen, Henry: Das Leben ist gar nicht so, es ist ganz anders. Aus: Stern Nr. 22, 2006.
Kilb, Andreas: Verschwörung der Hörer. Aus: Frankfurter Allgemeine Zeitung vom 21. 3. 2006.

Knabe, Hubertus: [Der Stasi-Vernehmer als Held.] Aus: SPIEGEL ONLINE vom 16. 9. 2006. Interview: Claus Christian Maltzahn und Severin Wieland.
Koch, Sebastian: [Notizen zu den Dreharbeiten.] Aus: Florian Henckel von Donnersmarck: Das Leben der anderen. Filmbuch. Mit Beiträgen von Sebastian Koch, Ulrich Mühe und Manfred Wilke. Frankfurt/M.: Suhrkamp 2006. S. 172, 176, 178, 180.
Köhler, Horst: Grußwort. Aus: http://www.bundespraesident.de/dokumente/-,2.636168/Rede/dokument.htm.
Löser, Claus: Wenn Spitzel zu sehr lieben. Aus: taz vom 22. 3. 2006.
Mühe, Ulrich: [Über die Motivation, Gerd Wiesler zu spielen.] Aus: Florian Henckel von Donnersmarck: Das Leben der anderen. Filmbuch. Mit Beiträgen von Sebastian Koch, Ulrich Mühe und Manfred Wilke. Frankfurt/M.: Suhrkamp 2006. S. 186.
Mühe, Ulrich: [Wieso fährst du denn wieder zurück?] Aus: SUPERillu vom 30. 3. 2006. Interview: Gerald Praschl.
Mühe, Ulrich: [Für diese Zeit habe ich ein Empfinden.] Aus: Florian Henckel von Donnersmarck: Das Leben der anderen. Filmbuch. Mit Beiträgen von Sebastian Koch, Ulrich Mühe und Manfred Wilke. Frankfurt/M.: Suhrkamp 2006. S. 182 f., 187 f.
Pleitgen, Fritz: [Über Wolf Biermann.] Aus: F. P. (Hrsg.): Wolf Biermann und andere Autoren. Die Ausbürgerung. Anfang vom Ende der DDR. Berlin: Ullstein 2001. S. 18 f.
Stephan, Inge/*Tacke*, Alexandra: NachBilder der Wende. Aus: I. St./A. T.: Einleitung. Aus: I. St./A. T. (Hrsg.): NachBilder der Wende. Köln: Böhlau 2008. S. 7–16, hier S. 10 f.
Suchsland, Rüdiger: Mundgerecht konsumierbare Vergangenheit. Aus: Telepolis vom 28. 3. 2006.
Thieme, Thomas: Freiheit, das ist eine zugige Gegend. Aus: Neues Deutschland vom 10./11. 7. 2004. Interview: Hans-Dieter Schütt.
Trampe, Andreas: [Kulturpolitische Weichenstellungen in der Geschichte der DDR.] Aus: A. T.: Kultur und Medien. Aus: Matthias Judt (Hrsg.): DDR-Geschichte in Dokumenten. 2. Aufl. Berlin: Christoph Links Verlag 1998. S. 293–314, hier S. 293–301.
Ulbricht, Walter: Zur Vorlage des Gesetzes über den Fünfjahresplan. Rede vor der Volkskammer am 31. 10. 1951. Aus: Neues Deutschland vom 1. 11. 1951.
Ulbricht, Walter: Rede vor Schriftstellern, Brigaden der sozialistischen Arbeit und Kulturschaffenden in Bitterfeld am 24. 4. 1959. Aus: Neues Deutschland vom 15. 5. 1959.
Vinke, Hermann: [Texte zu Bärbel Bohley, Rainer Eppelmann und Vera Lengsfeld.] Aus: H. V.: Die DDR. Ravensburg: Ravensburger Buchverlag Otto Maier 2008. S. 213, 129, 240.
Vierck, Alke: Wieslers Olymp [Auszug]. Aus: Inge Stephan/Alexandra Tacke (Hrsg.): NachBilder der Wende. Köln: Böhlau 2008. S. 228.
Wach, Alexandra: Das Leben der anderen. Aus: FILM-DIENST Nr. 6 vom 14. 3. 2006.
Weber, Christian: Warum ich bleibe. Aus: Ch. W.: Ich bleibe! Alltag in der DDR. Stuttgart: Quell-Verlag 1989. S. 5 f.
Wilke, Manfred: [Zitat auf S. 19.] Aus: M. W.: Wieslers Umkehr. Aus: Florian Henckel von Donnersmarck: Das Leben der anderen. Filmbuch. Mit Beiträgen von Sebastian Koch, Ulrich Mühe und Manfred Wilke. Frankfurt/M.: Suhrkamp 2006. S. 201–213, hier S. 213.

Texte · Medien
Quellen

Wolf, Christa: Erklärung zu Walter Janka. Aus: Walter Janka: Schwierigkeiten mit der Wahrheit. Reinbek bei Hamburg: Rowohlt 1990. S. 123 f.

Wrobel, Dieter: [Die »Sonate vom Guten Menschen« – ein Leitmotiv.] Aus: D. W.: Rückblick auf die DDR im Film zwischen Erinnerungs- und Rekonstruktionsmodus. Florian Henckel von Donnersmarcks »Das Leben der anderen« in der Oberstufe. Aus: Petra Josting/Clemens Kammler/Barbara Schubert-Felmy (Hrsg.): Literatur zur Wende. Grundlagen und Unterrichtsmodelle für den Deutschunterricht der Sekundarstufen I und II. Baltmannsweiler: Schneider Verlag Hohengehren 2008. S. 180–196, hier: S. 187 f.

Wrobel, Dieter: [Erinnerungs- und Rekonstruktionsmodus.] Aus: D. W.: Rückblick auf die DDR im Film zwischen Erinnerungs- und Rekonstruktionsmodus. Florian Henckel von Donnersmarcks »Das Leben der anderen« in der Oberstufe. Aus: Petra Josting/Clemens Kammler/Barbara Schubert-Felmy (Hrsg.): Literatur zur Wende. Grundlagen und Unterrichtsmodelle für den Deutschunterricht der Sekundarstufen I und II. Baltmannsweiler: Schneider Verlag Hohengehren 2008. S. 180–196, hier: S. 183.

Alle übrigen Texte sind Originalbeiträge. Der Abdruck der Texte von Rainer Eppelmann, Michael Stolleis, Marianne Birthler, Wolfgang Thierse, Katrin Göring-Eckardt und Vera Lengsfeld erfolgt mit freundlicher Genehmigung der Autorinnen und Autoren.

Texte von Christa Wolf dürfen aus lizenzrechtlichen Gründen nicht in die neue Rechtschreibung umgesetzt werden.

Bildquellen

Seite 5: Cover zu: Das Leben der anderen. Filmbuch von Florian Henckel von Donnersmarck. © Suhrkamp Verlag, Frankfurt/M. 2006.

Seite 6: Florian Henckel von Donnersmarck bei der Verleihung des César 2008 in Paris. picture-alliance/dpa.

Seite 7: Florian Henckel von Donnersmarck mit Sebastian Koch und Thomas Thieme. ddp-images.

Seite 8: Ulrich Mühe, 2007. picture-alliance/dpa.

Seite 11: Ulrich Mühe als Gerd Wiesler. Cinetext.

Seite 15 o. li., o. re., Mi. li., Mi. re.: Szenenfotos aus »Das Leben der anderen«. ddp images.

Seite 15 u. li., u. re.: Szenenfotos aus »Das Leben der anderen«. Cinetext.

Seite 21: Sebastian Koch und Florian Henckel von Donnersmarck. ddp images.

Seite 23: Sebastian Koch. Cinetext.

Seite 25 o., Mi. re., u.: Szenenfotos aus »Das Leben der anderen«. ddp images.

Seite 25 Mi. li.: Szenenfoto aus »Das Leben der anderen«. Cinetext.

Seite 27 o., Mi. u. li., Mi. re.: Szenenfotos aus »Das Leben der anderen«. Cinetext.

Seite 27 Mi. o.: Szenenfotos aus »Das Leben der anderen«. ddp images.

Seite 29: Szenenfoto aus »Das Leben der anderen«. © Buena Vista Home Entertainment, Inc.

Seite 33: Szenenfoto aus »Das Leben der anderen«. Cinetext.

Seite 35: Cover zu: Bertolt Brecht: Der gute Mensch von Sezuan. © Suhrkamp Verlag, Berlin

Seite 38: Wilhelm Pieck auf einer Kundgebung der »Einheitsfront der antifaschistischen Parteien«, Berlin 1945. akg-images, Berlin/Bildarchiv Pisarek.

Seite 41: Walter Ulbricht. ullstein-bild, Berlin.

Seite 42: Erich Honecker. ullstein-bild, Berlin/Probst.

Seite 43 o.: Christa Wolf. Foto: Andreas Schölzel, Berlin.

Seite 43 u.: Cover zu: Walter Janka: Schwierigkeiten mit der Wahrheit. Rowohlt Verlag, Reinbek bei Hamburg 1989. Umschlaggestaltung Jürgen Kaffer/Peter Wippermann. Foto: Thomas Räse.

Seite 45: Protest gegen die Ausweisung von Wolf Biermann. picture-alliance/dpa.

Seite 48: Bärbel Bohley. ullstein-bild, Berlin/Lammel.

Seite 49: Cover zu: 40 Jahre DDR … und die Bürger melden sich zu Wort. Büchergilde Gutenberg/Carl Hanser Verlag GmbH & Co. KG. 1989.

Seite 50: Ulrich Mühe liest auf einer Demonstration in Berlin am 4. 11. 1989. Foto: DRA/rbb media GmbH, Berlin.

Seite 52: Szenenfoto aus »Das Leben der anderen«. ddp images.

Seite 53: Wolf Biermann während seines Auftrittes in Köln 1976. ullstein-bild, Berlin/Zeckai.

Seite 56: Thomas Brussig. picture-alliance/dpa.

Seite 57: Wolf Biermann auf der Leipziger Buchmesse. ddp images. Foto: Sebastian Willnow.

Seite 65: Henry Hübchen. ddp images.

Seite 68: Das ehemalige Stasi-Gefängnis in Berlin-Hohenschönhausen. ullstein-bild, Berlin/Drescher.

Seite 72: Rainer Eppelmann. picture-alliance/dpa.

Seite 74: Michael Stolleis. argum, München.

Seite 75: Feiernde Menschen auf der Mauer am Brandenburger Tor in Berlin. akg-images, Berlin. Foto: AP.

Seite 77: Marianne Birthler. Foto: Die Hoffotografen GmbH, Berlin.

Seite 79: Das ehemalige Stasi-Gefängnis Bautzen II. ullstein-bild, Berlin/ddp.

Seite 80: Cover zu: Klaus Kordon: Krokodil im Nacken. © Beltz Verlag, Weinheim und Basel.

Seite 81: Cover zu: Grit Poppe: Weggesperrt. © Cecilie Dressler Verlag, Hamburg.

Seite 82: Wolfgang Thierse. picture-alliance/Deutscher Bundestag.

Seite 85: Filmplakat zu »Good Bye, Lenin!«. ddp images.

Seite 86: Katrin Göring-Eckardt. ullstein-bild, Berlin/Müller-Stauffenberg.

Seite 89: Vera Lengsfeld. ullstein-bild, Berlin/Christian Bach.